Ama sin dejar de quererte

CELIA BETRIÁN

Ama sin dejar de quererte

Todo lo que debes saber acerca
de las relaciones sin olvidarte de ti

Grijalbo

Papel certificado por el Forest Stewardship Council®

Primera edición: octubre de 2022

Printed in Spain — Impreso en España

ISBN: 978-84-253-6225-5
Depósito legal: B-13.740-2022

Compuesto en Pleca Digital, S. L. U.

Impreso en Gómez Aparicio, S. L.
Casasarrubuelos (Madrid)

GR 6 2 2 5 5

Índice

Introducción

Amar y relacionarse con los otros desde una actitud de desapego/independencia es hacerlo con respeto y libertad.

WALTER RISO

QUÉ ENCONTRARÁS EN ESTE LIBRO

Cuando hablamos de independencia afectiva nos referimos principalmente a la capacidad de ser personas autónomas y de disfrutar de las relaciones sin apegos ni obsesiones.

En cuanto empecé a interesarme por la salud mental, por las relaciones y por las maneras de entender el amor, comprendí que la autoestima desempeña aquí un papel muy importante. Una buena autoestima es un factor protector ante todo lo que nos sucede en el mundo exterior; por el contrario, quien sufre baja autoestima corre el riesgo de depender emocionalmente de otras personas. Cuando nos enfrentamos a una situación difícil y no somos capaces de afrontarla, la autoestima sale dañada y, en consecuencia, nuestra salud mental empeora. Partir con una buena autoestima, una buena dosis de amor propio y una interpretación de la realidad sin distorsiones nos ayudará a afrontar cualquier obstáculo que la vida nos ponga delante, y cada vez que superemos una situación difícil, nuestra autoestima se verá reforzada.

Este libro se centra en cómo establecer relaciones más sanas construyendo una buena autoestima, liberándonos de apegos y fortaleciendo la independencia afectiva. Se trata de adentrarnos en las relaciones sin perder el «yo», sin sacrificar lo que somos.

Detrás de las relaciones que nos destruyen y que nos hacen daño suele esconderse un estilo de apego inseguro, una dependencia emocional y unas creencias sobre el amor que dirigen nuestra vida y nos llevan a tomar decisiones desacertadas. Todo esto tiene un impacto negativo en la autoestima y en la independencia afectiva.

Una baja autoestima distorsiona la realidad y hace que vivamos las relaciones con inseguridad y sufrimiento. Nos hace depender siempre de la validación exterior, y esa necesidad de que los otros nos confirmen continuamente que son sinceros lleva a un deterioro inevitable de las relaciones.

Acompáñame y cambiemos ese amar desde la necesidad por amar desde el deseo.

Te invito a adentrarte en este libro. En él aprenderás a construir una buena autoestima y a vivir las relaciones respetando tu independencia afectiva como persona, desde la libertad, sin apegos ni obsesiones.

La importancia de la autoestima

¿Qué es la autoestima? ¿Cuál es la función de la autoestima en las relaciones? Es necesario que la definamos con claridad, porque se habla mucho de ella sin saber realmente qué es.

El concepto de autoestima ha cambiado mucho a lo largo de la historia, y ha acabado asimilándose al valor que cada sujeto se atribuye a sí mismo. Es decir, la autoestima es la imagen que tienes de ti mismo y que has ido construyendo a partir de diferentes percepciones y valoraciones sobre tu persona y el mundo que te rodea. Tu infancia, tu educación, tus vivencias y experiencias han contribuido a formarla. Todo afecta en cierta medida a la autoestima, y los primeros años de vida son cruciales para su formación, tanto para bien como para mal.

La autoestima tiene la función principal de protegernos del mundo exterior; es como un arma que nos ayuda a establecer relaciones más saludables, tanto con nosotros mismos como con los demás, incluyendo las relaciones amorosas. Nos brinda un mejor bienestar emocional, nos permite conocernos mejor, poner límites, gestionar las diferentes situaciones de la vida y controlar los miedos. Nos capacita para afrontar los desafíos con mayor confianza, algo clave para nuestra salud mental. Y se nutre de todo aquello que pensamos sobre nosotros mismos, de las cualidades, las capacidades y los sentimientos que nos atribuimos. Es como una valoración, una visión de conjunto de lo que somos y que hemos creado a partir de las experiencias que hemos vivido.

EJERCICIO PARA IR CALENTANDO

Tus respuestas a las siguientes cuestiones te darán una idea de tu nivel de autoestima.

- ¿Qué cualidades te atribuyes?
- ¿Qué piensas de ti mismo?
- ¿Cómo te sientes cuando piensas en ti?
- ¿Cuán valioso eres?
- ¿Qué grado de confianza sientes ante la vida?
- ¿Cuánta seguridad tienes?
- Describe los pensamientos, sentimientos, sensaciones y experiencias que has acumulado durante tu vida.
- ¿Qué experiencias han ido conformando tu autoestima?
- ¿Cómo suele ser tu diálogo interno?
- ¿Qué valores aceptas realmente y cuáles finges aceptar?
- ¿Qué tratas de demostrarles a los demás que te impide ser quien quieres ser?
- ¿En qué momento de tu vida has tenido mejor autoestima?
- ¿Cómo crees que te ven los demás?

Me gusta explicar que la autoestima es como un depósito interior que todos tenemos. Para conseguir una buena autoestima, lo ideal sería que el depósito estuviera más o menos lleno, por ejemplo al 75 %; en cambio, con una autoestima baja estaría por debajo del 45 %. Cuanto más vacío está el depósito, más se tiende a poner el foco en el exterior para llenar ese vacío. No podemos suplir nuestras carencias solo con lo que nos llega del exterior, debemos poner el foco en nosotros mismos y responsabilizarnos del vacío. Seguir buscando fuera lo que debemos trabajar de manera individual solo agrava el sentimiento de carencia.

Cuando un 65 % o más de nuestro bienestar emocional depende de los demás, nos estamos condenando al sufrimiento y la sumisión a costa de sacrificar lo mejor de nosotros mismos. En cambio, cuando no dependemos tanto de la aprobación exterior, el efecto que su respuesta pueda tener en nosotros será mucho menor, tanto si nos aceptan como si no, ya que partiremos de una base mucho más estable.

Si tenemos el depósito de la autoestima lleno, confiamos en nuestras capacidades y logros, juzgamos válido nuestro criterio y lo defendemos. Sabemos adoptar una postura asertiva alzando la voz por nuestras necesidades y deseos sin temer el rechazo del otro, porque no dependemos tanto del exterior.

Una autoestima baja ve como una amenaza cualquier situación, porque todo puede desestabilizar nuestro «yo». Si dependemos de los demás, cualquier cambio nos afectará. Nuestra estabilidad emocional dependerá siempre de lo que ocurra en el exterior, no seremos más que marionetas en una montaña rusa. En cambio, cuando nos sentimos completos, nuestra independencia afectiva nos protege de situaciones potencialmente dañinas porque podemos defendernos sin apoyarnos tanto en los demás o vivirlo todo como una amenaza.

¿Entiendes lo que pasaría si tu depósito solo estuviera lleno al 10 % de amor propio y autoestima? ¿El daño que puede causar el hecho de que un 90 % de ti se construya a partir de los demás?

¿Cómo puede ayudarnos una buena autoestima en las relaciones?

Cuando nos sentimos bien con nosotros mismos tomamos mejores decisiones en lo que se refiere a las personas que nos rodean. Desde esa posición, se elige por deseo y no por necesidad, se elige desde la plenitud y el bienestar, sin la inclinación de llenar carencias o vacíos. También nos ayuda a evitar apegos emocionales que nos llevan al sufrimiento.

Cuando no nos consideramos personas suficientes o válidas y buscamos en el exterior la aprobación y aceptación que no nos damos a nosotros mismos, tendemos a desarrollar una dependencia y ponemos todo nuestro «yo» en manos de una figura de apego. La independencia afectiva está íntimamente ligada a la autoestima. A mayor autoestima, mayor independencia afectiva mostraremos. En cambio, cuanto más baja sea la autoestima, más riesgo corremos de caer en una dependencia emocional y de sufrir unos apegos inseguros en las relaciones.

Una buena autoestima no nos evitará todo el dolor ni hará que nunca volvamos a sufrir. No es tan sencillo, pero sí es un factor protector ante determinadas situaciones y nos permite afrontar la vida con más seguridad e independencia. Por eso, una buena autoestima nos ayudará a tomar mejores decisiones en el amor, a conservar la independencia sin renunciar a lo que somos y a elegir a las personas que queremos en nuestra vida, sin presiones ni condicionamientos.

Cuando nos respetamos y amamos, buscamos que las personas con las que nos relacionamos hagan, como mínimo, lo mismo.

El problema de la autoestima baja y la falta de independencia afectiva es la falta de seguridad que conlleva: no nos respetamos ni nos sentimos válidos como personas, ni tenemos la capacidad de amarnos y protegernos. Y caemos en el error de buscar a personas emocionalmente no disponibles, personas que van a tratarnos igual que nos tratamos nosotros. Es posible que encontremos a personas maravillosas que de verdad nos respeten y nos amen, que nos traten como merecemos, pero por desgracia una baja autoestima nos dirá que eso es impensable y nos hará dudar y tratar de confirmarlo una y otra vez para calmar ese vacío.

También puede suceder que nos acostumbremos a un tipo de amor dañino o inaccesible debido a una infancia en la que los padres o cuidadores no nos han ofrecido un amor seguro y protector, por lo que hemos normalizado un amor que hiere o es insuficiente.

Es importante saber que no buscamos amor juzgando qué es correcto o incorrecto o si nos hace bien o mal, buscamos por familiaridad.

Eso explica por qué caemos siempre en los mismos patrones, por qué nos atrae un tipo determinado de persona o por qué siempre acabamos atrapados en las mismas relaciones. Se necesita mucho trabajo personal para entender las razones por las que repetimos estos patrones y aprender a centrarse en uno mismo para no volver a recaer.

La falta de independencia afectiva nos llevará a buscar una pareja que nos dé lo que no somos capaces de darnos por nosotros mismos, a tratar de llenar nuestro vacío emocional para sentirnos «alguien». Lo que sucede es que, desde esa posición, buscamos por necesidad, no por deseo, y eso nos llevará inevitablemente a personas que no podrá llenar el vacío, porque eso es algo que solo podemos hacer nosotros.

Cuando veamos que esas personas no satisfacen nuestras necesidades, nos sentiremos frustrados y esto se convertirá en motivo de sufrimiento. No dejaremos de pedir más y más, y acabaremos en un estado de dependencia emocional tan grande que cada vez será más difícil salir, con el consiguiente perjuicio para nuestra ya maltrecha autoestima.

Este círculo vicioso nos predispone a caer en relaciones

infructíferas, fuente de sufrimiento y frustración, y relaciones que se alargan y se alargan por la sencilla razón de que somos incapaces de dejarlas.

¿PUEDO QUERER Y QUE ME QUIERAN SI YO NO ME QUIERO?

Por supuesto que sí. Puede que tú no te quieras pero que tu pareja te ame en cuerpo y alma, y tú a ella. Aunque tú no tengas suficiente autoestima, puedes enamorarte y querer a otra persona con todas tus fuerzas porque, como ser humano, tienes la capacidad de amar.

El problema es que la baja autoestima distorsiona la realidad y nos impide ver el amor que la otra persona siente por nosotros.

**El problema no es el amor,
el problema es dudar de la veracidad de ese amor.**

Una baja autoestima influye en la manera en que nos vemos y vemos las relaciones, nos impide disfrutar en paz y en calma y distorsiona nuestra visión de las muestras de amor que recibimos, nos hace dudar de si las merecemos. Las relaciones se viven con miedos e inseguridades, con el temor continuo al abandono y el rechazo, porque sentimos que ese es el único destino posible, lo que afecta negativamente a la creación de vínculos seguros, estables y sanos. Además, también podemos caer en el gran error de aceptar un amor que deja mucho que desear. No querernos es un problema que, por desgracia, afecta a muchas áreas de nuestra vida, nos ciega y nos hace creer que merecemos menos. Por eso estoy aquí, para recordarte que no, no tenemos por qué conformarnos con un amor que no nos llena solo porque creemos que no valemos lo suficiente.

No quererse no significa aceptar un amor mediocre.

Antes de continuar, debo aclarar algo. Soy la primera en recalcar la importancia de la autoestima y el amor propio, pero como todo en la vida, hay matices. La vida es impredecible, siempre habrá desgracias (no quiero ponerme melodramática) y cambios drásticos, y no, el amor propio o una buena autoestima poco pueden hacer para evitarlo.

De lo que sí estoy segura es de que quererse ayuda, y mucho. Nos protege en la medida en que nos proporciona herramientas para afrontar lo que la vida nos depare, para saber elegir y lograr que cada decisión sea la más adecuada para nuestro bienestar emocional.

De modo que sí, puedes amarte y aun así experimentar situaciones, pensamientos o emociones que te digan lo contrario; es normal.

Podemos amarnos y sentirnos perdidos.

Podemos amarnos y sentir que el mundo se nos cae encima.

Podemos amarnos a pesar de que nadie nos quiera.
Podemos amar sin amarnos.

**El amor propio no es omnipotente,
pero es una gran herramienta a nuestro favor.**

DONDE EMPIEZA TODO

El amor es la unión entre dos personas, un sentimiento de vivo afecto e inclinación hacia una persona a la que se le desea lo mejor. Es una intensa atracción emocional y sexual hacia alguien con quien queremos una vida en común, o al menos, una cercanía o momentos de intimidad. Es la continua necesidad de saber más sobre la otra persona.

**Todo empieza por el enamoramiento,
a través de una respuesta bioquímica
en la corteza cerebral.**

Cuando nos enamoramos, nuestro sistema endocrino empieza a liberar hormonas muy características: serotonina, noradrenalina y dopamina. Así, empezamos a sentir esa atracción física por una persona a la que sigue la atracción emocional. Se presenta ese vivo deseo de intimidad y de unión física, de reciprocidad y aceptación, y también algo de miedo al rechazo.

Es común pensar: «Uf, yo estoy imaginando mi vida con esa persona, pero si me rechaza me va a doler».

Es normal pensar mucho en esa persona, qué estará haciendo, cómo le irá el día, cuáles serán sus aficiones... En el momento del enamoramiento es como si quisiéramos saber todo sobre esa persona. Nos desconcentramos con facilidad porque no dejamos de pensar e imaginar un futuro a su lado. Y su presencia provoca una intensa actividad fisiológica: nerviosismo, timidez, vergüenza, no sabemos muy bien qué decir, ¡hasta nos quedamos en blanco!

Aunque intentamos actuar lo mejor posible, después analizamos la situación para comprobar que todo haya sido perfecto. Si no ha sido así, experimentamos un temor que nos castiga o nos culpabiliza, y hasta podemos llegar a pensar que quizá la persona ya no querrá saber nada más de nosotros. Buscamos su atención, su aprobación, su aceptación, que comparta nuestros sentimientos y que esté dispuesto a empezar un proyecto a nuestro lado.

En la fase de enamoramiento, es habitual idealizar al otro, ver solo lo positivo, lo bueno, cosa que nos lleva a generar expectativas sobre nuestra vida en común con esa persona. Es decir, te imaginas todo lo bonito que podría llegar a ser.

Es un momento delicado, muy emocional, ya que nos estamos preparando para unirnos a otra persona, pero no debemos bajar la guardia. La idealización nos llevará a obviar algunos detalles que más tarde pueden ser motivo de ruptura. No es malo disfrutar de esa etapa tan bonita del enamoramiento y dejarse llevar, pero no debemos ignorar nuestra parte racional.

Es difícil evitar enamorarse, ya que no podemos (ni debemos) eliminar ni reprimir las emociones, pero, al final, la parte racional es la que nos dirá si es adecuado o no que iniciemos una relación con esa persona, más allá de la conexión emocional que sintamos. Lo que está claro es que enamorarse no significa sufrir. Y como dice Erich Fromm en su libro *El arte de amar*, la paradoja del amor es ser uno mismo, sin dejar de ser dos. También nos advierte de que, para la mayoría, el problema del amor consiste fundamentalmente en ser amado, no en amar o en la propia capacidad de amar, algo que trabajaremos más adelante.

POR QUÉ ES TAN BONITO PERO A LA VEZ TAN COMPLEJO

A pesar de que las nuevas generaciones son muy diferentes en lo que a las relaciones personales se refiere, siguen cayendo en relaciones infructuosas que son fuente de sufrimiento e infelicidad. Fracasar y equivocarse es una parte esencial del proceso vital, pero quiero destacar la importancia de dejar una relación cuando es necesario y analizar por qué nos esforzamos tanto por mantenerla si en realidad no es buena para nosotros.

¿Por qué sucede esto? A partir de la experiencia clínica y de mi propia experiencia, he analizado cómo nos autoengañamos con relaciones que no nos llenan. Usamos frases como: «Si esta relación fracasa, no sé qué voy a hacer», «Mi vida depende de esta relación», «Tengo que estar al lado de mi pareja a toda costa». Autoengaños, justificaciones, inseguridad, baja autoestima, dependencia emocional, idealizaciones... son las características persistentes en las personas que sufren de relaciones infructuosas.

La independencia afectiva y una buena autoestima, junto con un estilo de apego seguro, son la columna vertebral del bienestar emocional y de la capacidad de tomar mejores decisiones en las relaciones.

Tal como he comentado, tener una buena autoestima y conseguir la independencia afectiva no significa que no sufriremos ni tendremos dudas nunca más y que disfrutaremos siempre de las mejores relaciones, pero sí nos protegerá ante relaciones destructivas o inviables y nos ayudará a no resistirnos tanto a alejarnos de lo que no funciona y a tomar decisiones conscientes con mayor libertad desde el respeto a nuestro yo.

Lo cierto es que desde la infancia nos han ido inculcando creencias, mitos e historias que poco se asemejan a la realidad del amor.

Se le ha dado una imagen tan romántica y la hemos interiorizado tanto que perseguimos esa utopía que solo trae decepción y desesperanza. Sin ir más lejos, las famosas historias de hadas y príncipes de Disney donde las princesas tenían que esperar a su príncipe azul para casarse, vivir felices y comer perdices, o las intensas películas de Hollywood donde el amor es el hilo conductor y los amantes eligen la muerte antes que su separación. Y no solo hemos visto esta imagen del amor eterno asociado al sufrimiento y el sacrificio en el cine. También la sociedad, la familia y las diferentes culturas nos lo han marcado a fuego. Si echamos un vistazo a las generaciones pasadas, por ejemplo la de nuestros padres o la de nuestros abuelos, la costumbre marcaba que se casaran a temprana edad y permanecieran juntos hasta la muerte, y ellos nos han inculcado que así debe ser el amor. Es indudable que muchas parejas se han amado y se aman después de toda una vida juntos, y que lo han hecho por voluntad propia. Por desgracia sabemos que en muchos casos no ha sido así; en aquellos tiempos, el divorcio conllevaba repercusiones económicas, sociales o personales negativas, y eso propició la necesidad de mantener el matrimonio.

Durante años se nos ha mostrado el amor como algo que tiene que durar toda la vida y que va irremediablemente unido al sacrificio y el sufrimiento, y eso nos ha hecho aceptar que perder una parte de nosotros mismos es inevitable.

Otra imposición que sufrimos es la urgencia por conseguir una pareja a determinada edad como sinónimo de estabilidad, realización personal y estatus social, y ha hecho caer a muchas personas en la falsa idea de que al tener pareja conseguirían la plena aceptación por parte de la sociedad y todo lo negativo se esfumaría. ¿Qué suele ocurrir? Que la vida pasa rápido, y aceptamos cualquier opción porque «ya toca». No se elige por deseo, sino por necesidad. Por necesidad de no ser la «oveja negra», por necesidad de evitar la típica pregunta «¿Y la pareja para cuándo?», por necesidad de «sentirnos completos» porque nos han hecho creer que sin pareja nos falta algo. Cuando se busca una relación por necesidad, aparece una fractura de la independencia, del yo. No se está tomando una decisión libre, no se están satisfaciendo los propios deseos, lo que no deja mucho espacio para una felicidad completa.

Y la cosa no se limita a los mitos y las creencias. Aparecen también nuestros miedos y la conocida dependencia emocional, y entre todos terminan empujándonos a buscar una relación a cualquier precio.

A pesar de que los miedos y la dependencia emocional son característicos de una baja autoestima, merecen un capítulo aparte porque entenderlos y trabajarlos te preparará para el proceso de alcanzar la independencia afectiva.

El amor puede llevarnos a un callejón sin salida

Estos son algunos caminos que conducen a esos callejones sin salida:

- Pensar que lo que creemos saber sobre las relaciones es cierto, y con esto me refiero a seguir el mandato de la sociedad: busca a una persona para pasar con ella toda la vida.
- Sentir la necesidad de estar con una persona a toda costa, lo que implica una pérdida completa de nuestro yo, y darlo todo por complacer al otro sacrificando lo que somos para seguir a su lado.

- Convencernos de que una pareja llenará nuestros vacíos emocionales, cuando solo nosotros podemos hacerlo.
- Normalizar el sufrimiento o algunos comportamientos dentro de la relación en lugar de reconocer que, si no estamos bien, lo mejor es dejarla.

Lo que sucede cuando se siguen estas pautas sin plantearse nada más es que la calidad de la relación queda en un segundo plano, porque cumplir con ese «trabajo» marcado por la sociedad es mucho más importante que la auténtica felicidad, como si de verdad alguien nos fuera a dar un premio al morir tras una vida pasada con la misma persona.

Esa urgencia que nos imponemos nos lleva a unas relaciones que nos atrapan y nos oprimen.

Cada relación es única, con sus defectos y sus virtudes, pero es cierto que en muchas ocasiones ignoramos comportamientos que infligen un daño terrible a nuestra autoestima, ya no solo por necesidad sino también por desconocimiento.

En las primeras etapas, el amor puede cegarnos, y así ocurre. Es la etapa en la que solo se ve y se magnifica lo positivo de la otra persona. Sin embargo, la consecuencia es que pasan desapercibidos actitudes y comportamientos opuestos a nuestros valores y creencias, que no se ajustan a lo que de verdad buscamos en una relación. Cuando los pasamos por alto y nos centramos en que la relación continúe aumenta el malestar. Es como intentar armar un puzle con las piezas incorrectas. Por muchos malabares que hagamos, no lograremos que una pieza encaje en un hueco que no es el suyo. Todas y cada una de las piezas son una fuente de sufrimiento, frustración y decepción, porque seguimos convencidos de que la relación va a funcionar. Conforme avanzamos, nos damos cuenta de que el puzle no está bien compuesto y de que algo anda mal, lo cual genera un mayor malestar y la resistencia a dejarlo a esas alturas del juego. Cuando estás a punto de completar el puzle todo sigue igual, sin encajar, y tú sigues sin aceptar que las señales estaban ahí desde el principio.

POR QUÉ ES TAN IMPORTANTE LA INDEPENDENCIA AFECTIVA

Es fundamental saber quiénes somos y ganar confianza en nosotros para recuperar el control y dejar atrás esa vida en la que no nos reconocemos; dejar de ser meros espectadores y pasar a ser los protagonistas. No tenemos por qué conformarnos con vivir la vida pasivamente, como si no tuviéramos voz ni voto en lo que sucede. En nuestra mano está elegir a quiénes queremos cerca y qué queremos de esas personas. Pero nuestros vacíos emocionales y miedos y nuestras creencias nos impiden tomar decisiones adecuadas.

¿Por qué es tan importante la independencia afectiva? Para evitar la pérdida del yo.

La dependencia afectiva o la baja autoestima provoca que estemos más pendientes de los demás y que perdamos la conexión con nosotros mismos. Se nos hace difícil pensar en nuestro bienestar personal y considerarnos prioritarios. Cuando nos sumergimos en relaciones en las que buscamos la aprobación y aceptación de los demás, nos perdemos por completo. Eso no es lo que queremos.

Es posible estar en una relación sin necesidad de privarse de la libertad y la independencia.

Una pareja consiste en la unión de dos personas, y no en la sumisión de una a la otra. Lo más importante es que nunca dejemos de ser quienes somos para poner nuestra vida en manos de una pareja. Si estás sufriendo con tus relaciones y por la forma en que te muestras a los demás, este libro te ayudará a entender el motivo y te enseñará a relacionarte sin perderte, sin tener que sacrificar lo que eres para entrar en la vida de otra persona.

¿Empezamos?

1

Qué nos impide ser independientes afectivamente

Es obvio que a la mayoría nos cuesta relacionarnos de forma independiente y segura. No siempre es fácil determinar la causa. Sin embargo, a lo largo de mi carrera profesional he podido identificar las causas más comunes, y entre ellas se encuentran estas tres: los mitos del amor romántico, es decir, creencias erróneas o muy rígidas sobre el amor, una baja autoestima y un estilo de apego inseguro.

En este capítulo las analizaremos para que comprendas su posible efecto en la independencia afectiva. No tienes por qué identificarte solo con una, con las tres o con ninguna. Lo que quiero dejar claro aquí es que toda falta de independencia afectiva tiene una causa subyacente, y trabajándola ganaremos independencia afectiva. En ocasiones, cuando destruimos una, las demás se desploman como en un efecto dominó.

MITOS DEL AMOR ROMÁNTICO

Estoy segura de que alguna vez has caído en alguno de los mitos o creencias irracionales que existen sobre el amor. Estos mitos nos dirigen irremediablemente a conflictos internos, relaciones tóxicas y personas que no nos aportan nada bueno. Caemos en sus fauces porque los percibimos como verdaderos, aunque disten mucho de serlo.

El mito del amor romántico lo encontramos en el teatro, en los libros, en la música, en el cine, y ha ido pasando de generación en generación.

¿A qué llamamos «amor romántico»? El amor romántico es un tipo de afectividad en la que el vínculo sentimental se nutre de ideas poéticas que se basan en una serie de mitos. Muchas personas viven la idea del amor como una ilusión, creen que como individuos están tomando sus propias decisiones, aunque en realidad se mueven guiadas por las mismas ideas erróneas e irreales que la mayoría. La imagen romántica de la necesidad de sufrir y sacrificarse por amor se ha extendido por todo el mundo, ha traspasado las pantallas y nos ha llevado a normalizar la idea de que la unión con el otro ha de seguir siempre estas pautas.

Es esencial que separemos la ficción de la realidad, porque vivir según los estándares de algo que no existe nos hace perder nuestra esencia como humanos. Nos hace renunciar a nuestro yo para encajar en unos patrones que suelen terminar mal.

El amor romántico nos ha enseñado a imaginar y querer un amor que no existe, que lastima. A millones de mujeres se les ha hecho creer que un hombre rescataría a la princesa de su castillo y que comerían perdices y serían felices para siempre, pero todos sabemos que la realidad es un poco más complicada. Nos han hecho fantasear con la idea de que una relación amorosa es un vínculo perfecto y eterno entre dos personas si se vive de la manera que nos cuentan. Huelga decir que cada relación es un mundo, y aquí no hablo de una relación universal, pero sí de herramientas y patrones que te ayudarán a tener una relación sana y segura. Si vives al amparo de alguna fantasía sobre el amor romántico, siento decirte que no vas a encontrar un amor saludable, porque ya de entrada partes de una base débil e incompatible con la autoestima.

¿PUEDEN LOS MITOS DEL AMOR ROMÁNTICO DAÑAR MI AUTOESTIMA?

Quiero ayudarte a deconstruir las ilusiones y fantasías con las que has disfrazado el concepto de amor y a contemplarlo con una mirada objetiva y realista, la mirada de un amor realmente sano.

Amar no significa sufrir y, desde luego, nuestro destino no es morir en el intento de conseguir el amor.

Tampoco es entregar nuestra vida a otro bajo la premisa de que somos personas incompletas; esta es la manera más fácil de caer en la trampa de la sumisión y el control. Cuando tenemos la idea del amor utópico en la cabeza, buscamos una relación de pareja que se ajuste a ella. Influye tanto en nuestra percepción del amor, la pareja y las relaciones que termina siendo una fuente de frustración, decepción y sufrimiento, ya que esos estándares son inalcanzables. ¿Y qué pasa entonces? Perdemos la ilusión y pensamos que si no podemos alcanzar la felicidad absoluta es porque hay algo mal en nosotros. Cada vez que tenemos una relación que no se ajusta al canon, sentimos que hemos fracasado y esto tiene consecuencias directas en nuestra autoestima, nos causa desánimo y desesperanza. ¿Qué hacemos mal? ¿Por qué no somos capaces de encajar en la sociedad? ¿Encontraremos algún día un amor así de bonito? Nuestro malestar es cada vez mayor. El ideal del amor romántico es la causa de que muchas relaciones no funcionen y de que la autoestima de las personas esté por los suelos.

> **Nunca hemos podido decidir si el ideal del amor romántico es lo que de verdad queremos, pero lo mantenemos incluso cuando nos duele.**

Así es. Cada una de estas creencias ofrece una visión del amor incompatible con la idea de una relación plena basada en la libertad y la independencia, en el respeto a uno mismo y al otro.

De pronto nos damos cuenta de que estamos en un callejón sin salida, nos sentimos atrapados, como un hámster en su rueda, no dejamos de repetir y repetir el mismo patrón. Y pensamos: «¿Cómo he llegado aquí?», «¿Por qué?». Y, lo más importante: «¿Cómo salgo?».

Podríamos decir que la sociedad o el entorno son los responsables de que nos sintamos así, y, no te voy a engañar, es cierto. Pero son nuestras creencias las que nos hacen caer en la trampa del engaño y perseguir unos ideales sobre el amor que no se ajustan a la realidad.

Sin embargo, ahora tenemos el poder de cambiar eso y quitarnos la venda que durante años nos ha cegado y ha entorpecido la construcción de nuestro yo, de nuestra independencia afectiva y de una buena base para enfrentarnos al mundo de las relaciones.

Tenemos que deconstruir los mitos del amor romántico, tan idealizados y arraigados en la sociedad. Empezaremos por desglosarlos uno a uno:

El amor es sufrimiento

El amor no debería hacerte sufrir. Es cierto que, cuando amas a una persona, es imposible no pasarlo mal en alguna ocasión, pero, como siempre digo, en el momento en que ese sufrimiento se normaliza y se convierte en el pan nuestro de cada día deja de ser lícito.

No, el hecho de sufrir más no significa que hay más amor. Quien bien te ama no te hace sufrir, ni mucho menos. Hemos crecido viendo películas en las que los protagonistas sufren por un amor imposible, pensando que es así como se debe vivir una relación. Y todas estas historias siguen el mismo patrón: nos hacen normalizar el sufrimiento y pensar que vale la pena, ya sea porque esa persona a la que tanto amas cambiará y todo será de color rosa o porque es la única vía para tener una relación.

El sufrimiento es una reacción del cuerpo ante una situación peligrosa, que hiere y hace daño. Y yo me pregunto: ¿qué sentido tiene seguir experimentando esta emoción? Cuando el sufrimiento se mantiene o incluso se cronifica, ya no cabe la opción de pensar que algún día todo será como soñábamos y el dolor desaparecerá. Eso no va a pasar. No se trata de ver quién sufre más o quién aguanta más. ¿Qué pasa con todo el tiempo que estás invirtiendo en sufrir? ¿Y si nunca consigues que las cosas sean como querías? No, cuando incorporas el sufrimiento a tu día a día, llega un momento en que no puedes renunciar a él por miedo al cambio, por el esfuerzo y la incertidumbre que implica salir de tu zona de confort. Y olvidas que en realidad amar no significa sufrir.

El amor es para siempre

Bueno, no tiene por qué. El amor dura lo que dura, y aunque dure poco, también es amor. ¿Sería bonito que durase para siempre? Sí. ¿Está bien quererlo? También. Somos muchos los que hemos crecido rodeados de parejas que llevan toda la vida juntas. Está muy bien y es bonito, lo sé, pero, seamos realistas: muchas de estas parejas no han sido felices buena parte del tiempo o no han tenido la libertad de decidir sobre su matrimonio... Hemos proyectado que el hecho de que hayan pasado la vida juntos significa que todo ha sido fantástico y maravilloso, e ignoramos la calidad de la relación y los vínculos afectivos. De nada sirve durar siendo infelices, padeciendo, perdiendo la identidad o sufriendo maltratos. NO.

**El amor no tiene que durar un tiempo determinado
para que se lo pueda considerar como tal;
es la calidad lo que lo define.**

Imagínate una relación tóxica, con infidelidades, sufrimiento, faltas de respeto... Y así toda la vida. Llegarás al final de tu vida, ¿y qué crees que pensarás? ¿«El amor ha durado para siempre, puedo morir en paz»? Seguramente no (eso espero). Lo que pensarás más bien es: «No fue amor». ¿De qué sirve que sea para siempre si nos hace sufrir y nos hace daño? ¿De verdad es eso lo que quieres? Si una relación así no dura para siempre, créeme, te han hecho un favor. Nadie puede predecir el futuro y mucho menos cuando se trata de una relación de pareja. Es posible que ames a tu pareja en el presente y que vuestro amor dure toda la vida, no digo que no. Pero aferrarte a la idea de que es así como tiene que ser puede cegarte e impedir que aceptes que el amor se ha acabado y que avances. El amor llega hasta donde llega, y sé que duele que se termine. Pero durar toda la vida no es lo ideal cuando no eres feliz, cuando hay maltratos, cuando hay constantes faltas de respeto, cuando no eres tú. ¿De qué sirve que dure para siempre? ¿Cuál es el premio? Porque lo que sucede es que pierdes tu integridad por aferrarte a una idea. Hay amores incondicionales, como el de un padre o una madre hacia su hijo o hija. Pero en la mayoría del resto de los casos, el amor puede terminarse, ¡y no pasa nada!

Se sufre más cuando no somos realistas y nos negamos a aceptar la realidad de lo que es.

Es importante que empecemos a ver el amor como algo que está ahí fuera y que podemos elegir voluntariamente. El amor puede ser para siempre si es un amor con el que nos sentimos bien, nos suma y nos hace felices. Un amor con el que estamos construyendo una vida, que respeta y fomenta nuestro desarrollo personal.

Un amor que abusa, no respeta o simplemente no satisface nuestras necesidades ni tiene los mismos objetivos no debería ser para toda la vida. El «para siempre» termina en el momento en que una de las dos personas ya no es feliz o quiere algo distinto.

El amor todo lo puede

Esperemos que no. El amor es un sentimiento y va ligado a una parte racional. Si no operamos con la parte racional, lo cierto es que el amor lo podrá todo. Hay muchas cosas que deberían estar por encima del amor. Es hora de atribuir menos importancia al amor de la pareja y más al amor propio. El amor nunca puede estar por encima del respeto, la dignidad y la sinceridad, entre otras cosas. En el momento en que, si estamos con nuestro «amor», perdemos todo lo demás de vista, estamos abriendo la puerta a las faltas de respeto, las mentiras, los maltratos... Y si se llega a ese punto, será de todo menos amor. El amor no lo puede todo y tampoco debería.

El amor es algo intenso y emocional. Podrías cruzar el mundo entero para ver a una persona solo un día. Sin embargo, el hecho de creer que el amor lo puede todo nos hace aguantar cosas que no queremos ni merecemos. Toleramos, o incluso provocamos, comportamientos y situaciones porque pensamos que en el amor todo vale. Recuerda que el amor es un sentimiento, muy bonito en muchos aspectos, pero que no debería hacernos perder la cordura y llevarnos a hacer locuras por cosas que ya no tienen solución o tendrán graves consecuencias para nosotros. Novelas como *Romeo y Julieta* o muchas películas nos han hecho creer que podemos llegar a morir de amor, que, si no estamos al lado de nuestro amado, la vida deja de tener sentido. Todo eso son barbaridades. La moraleja (erróneamente interpretada) con la que tendríamos que quedarnos de la novela de Shakespeare es que:

> El amor puede llegar a ser peligroso. Hay que ir con cuidado y no dejar que saque a relucir esa faceta tuya que puede poner en riesgo tu vida, por el hecho de pensar que, si no estás con la persona que amas, tu vida no vale la pena. Tendríamos que ver al amor como una experiencia intensa, quizá temporal, en la que conserves el control sobre tu razón por encima de la emoción. Por encima de todo, tu vida nunca tiene que verse amenazada.

Existe el amor de mi vida

Bajo mi punto de vista, es difícil saberlo a no ser que hayas estado toda la vida con tu pareja. Puedes tener distintos amores en diferentes etapas. Este es otro de los mitos del amor romántico, que nos ahoga en la idea de que debemos buscar un único tipo de amor válido. Una vez más, el ámbito amoroso acapara nuestra vida y es probable que acabemos aparcando o restándole importancia al amor propio, a la calidad de las relaciones o a cómo nos sentimos. Todos los amores son válidos, aunque no sean para toda la vida (excepto los casos de maltrato o abuso).

Todo el mundo puede tener varios amores en su vida. Además, ¿no es necesario vivir toda una vida para saber si ha sido tu amor? Yo prefiero cambiar esa frase por: «Es el amor de mi yo presente y ojalá siga así». Nos ayuda a centrarnos más en el ahora. Si esta creencia dirige nuestra vida, podemos caer en el error de pensar que, si ese tiene que ser el amor de nuestra vida, es mejor que nos aferremos a él solo para no salirnos del guion.

Si me quiere, hará cualquier cosa por mí

Piensa en los príncipes: se enfrentaban a muchos obstáculos para llegar a un castillo embrujado y salvar a una princesa que no conocían, pues había estado encerrada en una habitación desde que nació. Es normal que ahora nadie se quiera conformar con menos. Pero no, el amor no es someterse a cualquier situación o acto de valentía para demostrar que se quiere de verdad. El amor se demuestra de muchas otras maneras, sin necesidad de ponerse en peligro ni esperar que nadie venga a rescatarnos. En un momento dado lo más sabio es decir: «Hasta aquí llego». Y ya está, no hay ningún problema. No obstante, la creencia de que nuestra pareja, para demostrar su amor, debe hacer todo lo imaginable es una insensatez, porque es difícil que pueda cumplirlo.

Este mito lo único que enseña es que se debe hacer absolutamente todo por mantener el amor, por muy perjudicial que sea para nuestra vida. Shakespeare lo advirtió, esta clase de amor termina mal. Y, sin embargo, la sociedad prefirió darle la vuelta a la historia y transmitirnos que vale la pena entregar la vida por amor. De nuevo, una advertencia se convirtió en una creencia errónea.

Pensamientos como: «Si realmente me quiere o le gusto, volverá», «Hará todo lo posible», «Tratará de demostrarme lo mucho que le importo»... No tiene por qué ser así. Que esperes que esa persona haga algo por el simple hecho de que a ti te gusta o de que te ama es una forma absurda de idealizarla. Por supuesto, es normal esperar un mínimo por parte de la pareja, pero no debes caer en la trampa de juzgar su amor o la calidad de la relación por las locuras que haga por ti. Esa persona no tiene por qué estar ahí siempre, no tiene por qué aguantar o esperarte siempre y tampoco tiene por qué estar siempre luchando a contracorriente para estar contigo. Cada persona tiene sus propias batallas, sus propios límites y, sobre todo, sus sueños y su vida. Nunca se debería poner en riesgo la propia vida en nombre del amor. Aunque amemos o nos amen de todo corazón, aceptar que no todo lo puede es muy liberador.

El amor no siempre es suficiente para dejarlo todo.

Aunque amemos, siempre podemos elegir seguir nuestro camino. Cada uno tiene su tiempo, lo mejor es ser sincero con la otra persona y decir: «Mira, realmente no es el mejor momento, y no puedo dejarlo todo por ti» o «Te amo, pero no puedo hacer esto por ti».

Tener pareja como único objetivo en la vida

Esta es una de las creencias más comunes, al menos en mi entorno. De nuevo, significa que al tener pareja contamos con la bendición de la sociedad. «¡Al fin mi vida tiene sentido!». Nos han metido en la cabeza que la pareja es indispensable para estar completos. No tener pareja a cierta edad ya sabes lo que quiere decir, ¿verdad? Que si se nos pasa el arroz, que si algo estamos haciendo mal... Parece que la sociedad en la que vivimos tiene aversión al estado de soltería. He hablado con personas que sienten escalofríos al pensar en la soltería y la asocian automáticamente al fracaso.

Esto nos lleva a la idea de que, para hacer cualquier cosa en la vida, hay que tener pareja. Para comprarse una casa, para tener hijos, para conseguir estabilidad emocional e incluso para ser feliz. Parece que cuando uno ya ha conseguido sus objetivos personales y profesionales, o sea, alrededor de los treinta o treinta y cinco años, tiene que encontrar pareja, como si fuera una obligación. Y el hecho de no conseguirlo puede generar frustración. Como si la soltería definiera nuestra personalidad.

Nuestro objetivo debería ir más allá: ser felices y estar bien, con o sin pareja. Para vivir de la manera más plena posible, no podemos poner nuestra felicidad u objetivos en manos de otra persona, porque si no compartimos la vida con nadie, sin duda eso será motivo de malestar. Tener pareja, que dos personas se pongan de acuerdo y mantengan una relación, es algo complicado, y que tu satisfacción esté condicionada por este hecho significa depender de algo que no está del todo en tus manos. Si te identificas con este mito, te aconsejo que trabajes para cambiar eso y priorices tu felicidad, el vivir plenamente con lo que tienes y ver que tu vida vale mucho, con o sin pareja. Recuerda: se tiene pareja por elección y no por necesidad.

Encontrar tu media naranja

Tú eres una naranja entera. Puedes ser lo que quieras, pero no la mitad de algo o de alguien. ¡Qué injusto es que nos hagan creer que tenemos que encontrar a alguien para estar completos!

**Una relación consiste en complementarse,
no en completarse.**

Está bien tener objetivos, ser ambiciosos y saber que podemos conseguir muchísimas cosas en nuestra vida, pero pensar que tener pareja es lo único que nos hará sentir completos nos aleja de la felicidad. Cuando creemos en estos mitos es probable que caigamos en relaciones tóxicas y acabemos con personas que no nos aportan absolutamente nada. No digo que cuando estemos en pareja no nos sintamos mejor, más protegidos o más felices. Es posible, y esa es la parte más maravillosa de una relación, sentir que nos hace mejores personas. A veces llegan a nuestra vida personas que nos iluminan y sacan lo mejor de nosotros, e incluso nos ayudan a trabajar en nuestras partes rotas y nuestras heridas.

**A pesar de que no nos sintamos plenos, es
primordial ver la relación como un complemento
que nos ayuda a completarnos, sabiendo que esto
último es un trabajo exclusivamente nuestro.**

Por eso es tan importante decidir bien a quién queremos a nuestro lado, porque si elegimos que nos complemente una persona que nos hace daño, sabes lo que pasará, ¿no? En lugar de ayudarnos, nos destruirá.

Los celos, el control y la posesión son señales de amor

Que alguien nos controle no significa que nos quiera más. De hecho, nos quiere muy poco, o incluso nada. Porque el amor no controla, sino que se cultiva desde la libertad, el respeto y la independencia. «Es que yo te controlo porque te amo y no quiero perderte». De acuerdo, entiendo que nuestra pareja no desea perdernos, pero ¿significa eso que nos tiene que privar de nuestra libertad, nuestra independencia y nuestra libertad de decidir por nosotros mismos? En el momento en que los celos y el control interfieren en la relación y nos obligan a cambiar nuestra manera de actuar, tenemos un problema. El amor se transmite con confianza y libertad. Es normal sentir celos en alguna ocasión, no dejan de ser una emoción, como cuando vemos a nuestra pareja hablando con un desconocido. El problema viene cuando aparecen sin motivo, cuando se utilizan de forma sistemática como herramienta de control, sumisión y posesión.

Cualquier persona que te quiera puede sentir miedo a perderte. Eso no significa que tenga que controlarte, o prohibirte o quitarte nada.

Cuando amo, tengo que sacrificar mi independencia y mi pareja lo tiene que saber todo de mí

Cuando se inicia una relación, no es necesario sacar a la luz nuestros más oscuros secretos. Eso no significa que no seamos sinceros con nuestra pareja. No tenemos por qué contarlo todo ni exigir que nos lo cuenten. No hay por qué hacerlo todo juntos. Es importante y necesario que cada miembro de la pareja goce de momentos de soledad e intimidad.

Una relación se crea a partir de dos individuos interdependientes, lo que no significa que se unan para formar uno. Es imprescindible tener ratos para uno mismo y reclamar espacio para estar solo, y no, no es un acto egoísta.

Ser un libro abierto por obligación con la pareja puede hacer más mal que bien. No es necesario contarle todo al otro. Es tu vida, y es normal que quieras guardarte ciertos detalles. Una relación siempre conlleva una cierta intimidad, conversaciones eternas, que conozcas en profundidad a tu compañero... Sin embargo, para no perder tu independencia es necesario que conserves ciertas partes de ti intactas. No querer compartirlas con tu pareja es una elección sabia siempre y cuando no sea algo que os afecte a los dos o haga peligrar la relación.

No hay necesidad de saber absolutamente todo de nuestra pareja y que esta lo sepa todo de nosotros. Así que, cuando amamos, mantenemos nuestra intimidad, lo que somos y nuestra independencia y respetamos que el otro quiera lo mismo.

Por último, hablemos de ciertas películas

Es cierto que, en la actualidad, las cosas han empezado a cambiar, pero hay que decir que cierto tipo de películas, sobre todo infantiles y románticas, han hecho mucho daño en nuestras ideas sobre las relaciones. En especial, con la premisa de que no puede haber una historia de amor sin un príncipe o una persona que nos salve de la soltería y nos proporcione la felicidad eterna. Parece que tener una relación amorosa nos diera el poder de solucionar nuestras dificultades, desterrar la infelicidad y conseguir que vivamos felices para siempre. A veces me gustaría ver a esos personajes después de dos o tres años de matrimonio, con hijos, con los problemas del día a día. O veinte años más tarde, a ver qué tal les va tras años de convivencia. Sin duda lo que veríamos poco tendría que ver con el «fueron felices y comieron perdices».

En estas películas, solo se muestra el proceso de conquista, el momento en que los protagonistas deciden vivir siempre unidos y se prometen amor eterno. Pero nunca sabemos qué pasa después con su vida. Y a todos nos habría ayudado que estos personajes fueran más reales y hubiéramos podido vislumbrar pequeños momentos de su día a día con los que identificarnos.

Nuestra pareja puede ser un gran apoyo, pero no debemos pasarnos la vida esperando que alguien nos rescate. La felicidad no se asienta solo en lo que una pareja te pueda aportar. Cierto es que una relación puede ayudarnos en muchos sentidos. Puede servirnos para a encontrarnos, darnos paz, ofrecernos tranquilidad, apoyo, pero no toda la responsabilidad de la felicidad tiene que recaer en el otro. Te recomiendo que cuando veas alguna de estas películas (sí, puedes seguir viéndolas, no pasa nada), lo hagas con sentido crítico y seas consciente de que esas historias de amor no se ajustan a la realidad, solo nos muestran lo bonito y lo que tiene fácil solución. Una película, un libro, una obra de teatro... todo es ficción, y nuestra vida no debería basarse en unos estándares ficticios.

Todas esas películas que vemos están resumiendo la vida de alguien en hora y media. Si hicieran un tráiler de nuestra vida, seguramente pensaríamos: «Qué historia de amor tan bonita».

Después de todos los ejemplos que he ido desgranando, solo quiero recordarte que debes adaptar tus expectativas a la realidad y no dejarte llevar por esos mitos y creencias. Es mejor ver las relaciones tal como son.

CARACTERÍSTICAS DE UNA BAJA AUTOESTIMA

Como he mencionado al inicio del capítulo, la baja autoestima es una de las características que nos afecta a la hora de relacionarnos. Ya no solo es incapacitante a nivel personal, sino que hace que suframos mucho más en cualquier relación. Trabajar una buena independencia afectiva y autoestima no solo nos permite sentirnos bien, sino que nos ayuda a tomar mejores decisiones en cuanto a nuestras relaciones. Una baja autoestima nos pone en una situación de desventaja, ya que distorsiona la forma en que percibimos la realidad y la tiñe de un tono gris y apagado.

En las páginas que siguen voy a describir los rasgos más comunes de una relación cuando sufrimos una baja autoestima para que veas el enorme efecto que puede tener en nosotros.

Necesidad de aprobación

Cuando no nos gustamos o nos sentimos inseguros, con frecuencia no expresamos nuestras opiniones para evitar un posible rechazo o abandono. Si dejamos que nuestra pareja lo haga por nosotros y nos amoldamos, el rechazo no se producirá. Si no nos sentimos merecedores de amor ni válidos como personas, siempre nos quedaremos en un segundo plano. Permitiremos que los demás nos pasen por delante porque creemos que son mejores que nosotros, que nuestras opiniones no son válidas o suficientes y que debemos hacerles caso. Expresamos acuerdo, suavizamos o cambiamos nuestra postura aunque los argumentos dados por las otras personas no nos convenzan. También es habitual que sintamos una gran tristeza, preocupación o enfado cuando alguien no está de acuerdo o no recibimos la respuesta esperada. La tendencia es que cedamos en todo y evitemos el no por miedo. Nos sentimos egoístas cuando alzamos la voz por nosotros mismos porque pensamos que no tenemos derecho a exigir nada. Cuando se tiene, genial, pero cuando no, sentimos que nos hundimos. Este es el principal problema, que terminamos siendo dependientes de la aprobación. Más adelante volveré sobre este punto.

Sentimiento de culpa

Es ese sentimiento que tenemos cuando creemos que todo sale mal por nuestra culpa o que, incluso si otra persona se enfada o está afectada por algo, nosotros somos los responsables. El sentimiento de culpa por absolutamente todo nos hace emitir unos juicios morales inflexibles y castigarnos sin piedad, lo cual es motivo de descontento y hace que permanezcamos anclados en el pasado. Cuando uno cree que cada error es imperdonable, el arrepentimiento es la única manera de conseguir el perdón. La baja autoestima hace que siempre nos responsabilicemos de cosas que en realidad no tienen nada que ver con nosotros o de la felicidad de nuestra pareja. A pesar de que en una relación es esencial apoyarse, sumarse, estar el uno por el otro y mirar por el bienestar mutuo, hacer feliz a la pareja a costa de nuestra propia felicidad es pagar un precio muy alto. El sentimiento de culpa no permite que nos perdonemos y aceptemos lo que sucedió el día de ayer, y eso nos impide centrarnos en el presente y construir un futuro.

Podemos sentirnos culpables por priorizarnos, por haber tomado una decisión, por haber dañado a otra persona, por no haber logrado lo que nos habíamos propuesto, por haber decepcionado a alguien... Por ejemplo: estás en una relación dependiente con tu pareja y siempre quieres estar a su lado porque para ti es sinónimo de amor. Tus amigas te invitan a salir para celebrar un cumpleaños y el simple hecho de pensar en ir a la fiesta sin tu pareja genera una experiencia emocional desagradable caracterizada sobre todo por la culpa. La culpa, porque para ti disfrutar de una noche de fiesta con tus amigas sin tu pareja es impensable. Es un acto que indica que ya no la amas.

Cuando empieces con tu proceso de independencia, te darás cuenta de que la culpa te acompañará durante un tiempo, recordándote que lo que estás haciendo «no está bien», «que estás siendo mala persona por priorizarte o perdonarte». Sí, sé que es una sensación incómoda, pero no puedes esperar a dejar de sentirte culpable, porque entonces nunca llegará el momento.

Es mejor sentir culpabilidad que evitarla llevando a cabo una acción que nos perjudica a largo plazo.

Cuando sentimos culpa ante una acción u omisión somos nuestros propios «jueces». Emitimos el «dictamen» de culpabilidad. Y finalmente nos aplicamos el «castigo». Es entonces cuando aparecen las emociones desagradables.

El sentimiento de culpa nos limita y condiciona; genera emociones que nos mantienen en la inactividad y el bloqueo; dificulta avanzar hacia nuestras metas y aspiraciones; y perjudica nuestras relaciones sociales, laborales, afectivas y familiares. Por eso, una culpa reflexiva te ayudará a no estancarte y, poco a poco, hablarte y tratarte mejor ante estas situaciones de gran culpabilidad.

Te dejo las siguientes preguntas:

- ¿Experimentas sentimiento de culpa muy a menudo?
- ¿Cuáles son esas situaciones por las que te sientes culpable?
- ¿Crees que la culpa te ayuda a solucionar lo que pasó?

Te mereces dejar de culparte por las cosas que han sucedido.

Te propongo que cambies la culpa recriminatoria por la culpa reflexiva, un tipo de culpa que te ayude a asumir la responsabilidad de tu vida para que puedas aprender y perdonarte.

Veamos un ejemplo:

Culpa recriminatoria: «Me siento culpable por haber hecho sentir así a mi amiga. No me porté nada bien y seguro que la relación no volverá a ser la misma. No merezco tenerla como amiga después de esto».

Culpa reflexiva: «Mi amiga se sintió ofendida por un comentario que hice. Debería haberlo planteado de otra forma, pero no pretendía hacerle daño. Le pedí disculpas y asumí mi responsabilidad, así que de nada me sirve seguir culpándome por algo que no puedo cambiar. La próxima vez evitaré ese tipo de comentarios».

Comparación constante

Las personas con baja autoestima a menudo se comparan con las antiguas parejas de sus parejas o con otras personas. Esto no solo es dañino para la relación, porque puede agravar celos e inseguridades, sino para la imagen que tenemos de nosotros mismos. Cada comparación nos resta confianza y valía personal. Creemos que cualquiera vale más que nosotros, es más importante y tiene muchas más cualidades positivas. Y eso provoca un profundo sentimiento de amenaza y nos lleva a vivir con el temor constante de que nuestra pareja se dé cuenta de lo poco que valemos y nos deje por otra persona, cualquier persona, porque todo el mundo vale más que nosotros.

Compararnos con otros es injusto porque medimos lo peor de nosotros con lo mejor de los otros, y eso nos deja en clara desventaja.

Constante inseguridad y temor por la relación

Cuando se carece de seguridad y confianza en uno mismo, cualquier decisión, situación, persona, relación, pensamiento o emoción se vive con incertidumbre y miedo. «¿Y si mi pareja se va con otra persona?», «¿Y si estoy tomando la decisión equivocada?», «Si tengo este pensamiento es porque es cierto», «Si mi pareja se va de mi lado es que no soy nadie». Ante estas situaciones, los pensamientos y las emociones aparecen de forma incontrolable, nuestro cuerpo reacciona y el resultado es la parálisis.

Veamos un ejemplo de cómo una baja autoestima puede actuar en una relación.

Una pareja lleva un tiempo saliendo y, desde el inicio, él ha vivido la relación con inseguridad, con miedo de que ella le sea infiel. Cada vez que ella sale con sus amigas, él siente que va a conocer a alguien mejor. Inicia conductas de comprobación para asegurarse de que todo va bien. Envía mensajes pidiendo fotos con sus amigas, llama en plena noche para cerciorarse de que no está con otra persona... Por mucho que su pareja le asegure que no sucede nada, para él nunca es suficiente. Cada una de estas conductas va distanciando a la pareja. La falta de confianza debilita la relación y acaba por romperla. Sí, al final, él confirma lo que tanto temía: «No soy lo bastante bueno y me ha dejado».

Con esto no quiero decir que siempre sea así, sino mostrar cómo los comportamientos motivados por el temor y la inseguridad hacen mella en las relaciones. Si una persona quiere ser infiel, lo será. Si una persona quiere alejarse de nuestro lado, puede hacerlo con total libertad. Pero ninguno de estos dos finales te define como una persona menos válida o merecedora de amor.

¿Te puedes imaginar cómo sufrió el hombre del ejemplo durante la relación? Una buena autoestima no evita los problemas y momentos difíciles de una relación, pero sí nos ayuda a disfrutarla con confianza y seguridad. Si partimos de la base de que una relación se forma siempre por elección, es una bonita oportunidad para compartir, desde la aceptación, apoyo, comunicación y, sobre todo, la tranquilidad.

Por norma general, estos pensamientos no son más que miedos irracionales propios de una baja autoestima, que nos da siempre una interpretación desfavorable de las situaciones. Las creencias limitantes pueden ser muy destructivas porque nos hacen creer que es mejor que nos quedemos en un segundo plano. Nos llevan a sentir culpa incluso por cosas que están totalmente fuera de nuestro control. Nos hacen temer por situaciones hipotéticas que, de llegar a producirse, no nos harían un daño real y nos dejarían seguir con nuestra vida.

«Si a mi pareja no le gusta mi ropa, es mejor que me cambie». Buscamos la aprobación de nuestra pareja, porque no tenemos la suficiente confianza para decidir y alzar la voz por nosotros mismos. Puede que exista un miedo a la reacción negativa, porque quizá durante mucho tiempo nos han dicho que no vestimos bien, anulando nuestra capacidad de elegir lo que queremos sin pedir la opinión de los demás.

«Si no le hago caso a mi pareja, se enfadará». Vemos el enfado como algo que no podemos afrontar ni superar. Tal vez porque en la infancia cada palabra o acción nuestra recibía una respuesta negativa. Preferimos que nuestra pareja decida porque creemos que nuestra opinión no es importante o no le va a interesar. «Mejor pido su opinión porque así evito equivocarme o un conflicto». Un pobre autoconcepto de uno mismo nos llena de dudas: «¿Lo estaré haciendo bien? ¿Será lo correcto?».

«No sé cómo mi pareja puede estar conmigo, tengo un cuerpo feísimo». En una baja autoestima es típico tener una imagen muy negativa de nuestro físico. Se parte de un rechazo hacia nosotros como personas y automáticamente pensamos que los demás no nos pueden aceptar. Desafortunadamente, desde el rechazo no es posible el cambio. La aceptación es la mejor arma para empezar a amarnos.

«No tendría que haberle dicho que no. Soy tonta». Las personas que tienen baja autoestima suelen creer que cuando se niegan a algo van a ser rechazadas, o van a perder a esas personas o que se van a enfadar con ellas, Decir «no» no es malo y es totalmente necesario para nuestro crecimiento y desarrollo personal, felicidad y bienestar emocional. Si no estamos acostumbrados a decir «no», puede que dudemos («¿Lo estaré haciendo bien?»), experimentemos miedo («¿Me dejarán de lado?»), nos culpemos («No tendría que decir "no"»), o desconfiemos («¿Estaré siendo egoísta?»).

«Soy mala persona si no complazco las necesidades de mi pareja». Tener en cuenta las necesidades y deseos de la pareja es clave para fortalecer la relación y que el vínculo sea saludable. Sin embargo, cuando complacemos a costa de sacrificar nuestras necesidades y deseos estamos pagando un precio demasiado alto.

Se trata de un equilibrio, de dar sin olvidarse de uno mismo.

¿En qué medida puede afectar esto a nuestra autoestima? Ignorar lo que queremos significa que no tenemos en cuenta nuestro bienestar. Que renunciamos siempre a luchar por lo que necesitamos, porque gustar a los demás es más importante.

Una baja autoestima conlleva un pobre autoconocimiento: «¿Quién soy? ¿Cuáles son mis necesidades? ¿Cuáles son mis deseos?». A esto hay que sumar el miedo de que al expresarlo pueda haber una reacción negativa de la pareja. Se adopta una posición pasiva y sumisa para evitar el conflicto, un rechazo o abandono. La baja autoestima nos impide entender que tenemos derecho a expresar necesidades y deseos porque somos tan válidos como cualquier otra persona.

«No merezco expresar mis necesidades y deseos porque en el pasado los rechazaban e invalidaban». Cuando este es el caso, puede desarrollarse la creencia de que lo que decimos o proponemos no es válido y no interesa. La autoestima se quiebra cuando el temor al rechazo y a perder al otro es tan grande que preferimos decir «sí».

«A nadie le interesa mi opinión». Una baja autoestima nos hace creer que nuestra opinión no es válida o no va a ser bien recibida. Tu opinión y tu punto de vista son válidos, siempre y cuando se expresen de forma respetuosa y responsable.

«Cualquiera puede hacer más feliz a mi pareja que yo». No creer en nosotros mismos, en nuestras capacidades, cualidades o logros nos indica que tenemos unos pensamientos tan negativos, autocríticos y destructivos que no nos quedan fuerzas para intentar algo mejor, y anticipamos siempre lo peor porque es lo único que creemos merecer.

Cuando dudamos constantemente, estamos atrayendo que eso que tanto tememos termine sucediendo, lo cual nos hace sentir todavía peor porque «Este es mi destino, nadie me va a querer». Nadie es perfecto, todos tenemos defectos, somos humanos. Los defectos o aspectos negativos no nos definen, los aceptamos como parte de lo que somos, pero no permitimos que condicionen nuestra vida. Si estamos siempre pendientes de los aspectos negativos y defectos, viviremos con el temor de que la pareja los vea. Si tu pareja descubre tus defectos y decide irse, la puerta está abierta, que se vaya.

> **No por tener defectos, errores, fracasos o equivocaciones mereces esconder lo que eres para retener a una persona en tu vida.**

La persona que se quiera alejar de tu vida, también comete errores, fracasa y se equivoca, también tiene defectos. ¿La juzgas por ello? Seguramente no. Entonces ¿por qué te juzgas a ti? Con los defectos se pueden hacer dos cosas, o bien trabajarlos o aceptarlos. La aceptación plena de cómo somos es lo que nos dará libertad, tranquilidad, calma y equilibrio emocional. La baja autoestima solo nos recuerda los defectos, pero debemos esforzarnos por pensar en lo bueno, en aquello de lo que estamos orgullosos, nuestras virtudes y fortalezas, y darles valor. ¿Cuáles son mis aspectos positivos? ¿Cuáles son mis virtudes, mis fortalezas? Te invito a que las escribas y las leas cada día.

«Haga lo que haga, no cambiará nada». Existe una mezcla de desesperanza y sensación de fracaso, la impresión de que hagas lo que hagas no saldrá bien y que para eso mejor no intentarlo. Cuando no nos damos la oportunidad de intentar un cambio, de cortar con viejos patrones, es difícil construir una buena autoestima. Nosotros mismos nos estamos condenando. Este pensamiento también puede ser un factor que nos impide salir de nuestra zona de confort, porque no tenemos fuerzas para hacerlo. Nuestros miedos, inseguridades, baja confianza y creencias limitantes nos mantienen anclados en los mismos comportamientos.

En estos casos, me gusta hacer referencia a un concepto acuñado por Martin Seligman: «indefensión aprendida». O lo que es lo mismo, cuando una persona o animal «aprende» a comportarse de forma pasiva o sumisa ya que cree que no tiene la capacidad de hacer nada a pesar de que tiene oportunidades de cambiar la situación y evitar las circunstancias desagradables u obtener recompensas positivas. Esto genera en la persona un sentimiento de falta de control sobre las circunstancias y la certeza de que cualquier esfuerzo será inútil. De este modo, el simple hecho de pensar que los actos no modificarán una situación concreta, llevará a evitarla o a no enfrentarla.

¿Estoy siendo egoísta al expresar mis necesidades y deseos?

Cuando tenemos baja autoestima, nos volvemos altruistas, creyendo que es mejor complacer que priorizarnos. Se ha asociado erróneamente que una buena autoestima y amor propio es egoísmo cuando, en realidad, no lo es. Buena autoestima y egoísmo son conceptos muy diferentes. El altruismo es esa tendencia a procurar el bien de las personas de manera desinteresada, incluso a costa del interés propio, porque se considera que pensar en uno mismo es egoísta. Pensar en uno mismo, priorizar y expresar las necesidades y deseos no es un acto egoísta. Nos olvidamos por completo de quiénes somos y nos sentimos responsables de hacer felices a las personas que queremos y de cómo deberíamos sentirnos con ellas. Creemos que ser altruistas es la única forma de ser amados.

El concepto de altruismo resulta confuso, porque parece que pensar en los demás es incompatible con amarse a uno mismo.

No hay un balance, no hay un equilibrio. Solo existe un «te lo doy todo para que me ames, pero si no me amas como yo quiero, siento que no valgo nada». Solo dar, dar y nunca recibir no funciona en ninguna relación. Termina siendo totalmente agotador para la persona complaciente.

Dificultad para salir de la zona de confort y asumir nuevos retos

A nuestra mente le gusta la familiaridad y quedarse en lo conocido, así que cuando nos planteamos un cambio aparecen los miedos que nos bloquean, las inseguridades que nos dicen que no podremos hacerlo, la ansiedad que augura siempre lo peor.

Y, muchas veces, terminamos en el mismo punto de partida y hasta puede que el patrón se cronifique e intensifique cada vez que aparecen estas emociones y nos impida actuar.

Cuando no se dispone de seguridad o confianza suficiente, lo normal es quedarse en la zona de confort para no tener que enfrentarse a situaciones desconocidas. Esto nos hace permanecer estancados, impide el crecimiento y el desarrollo personal y lleva a la pérdida de la esencia, el «yo». Se crea una dependencia hacia nuestra pareja, puesto que ver el mundo por nosotros mismos nos abruma, nos aterroriza. Si no soltamos aquello a lo que nos estamos aferrando, la confianza y la seguridad no aparecerán sin más. Es un trabajo constante que nos acerca a la libertad y a la independencia afectiva. Romper con lo que nos oprime y correr.

Cuando nunca hemos sido libres ni dueños de nuestro propio destino, hemos estado persiguiendo los caminos de otros, hemos adoptado mil caras para encajar en cada persona, estamos divididos en mil piezas y a cada persona le hemos dado una parte de nosotros. Eso no solo nos invalida, sino que nos vuelve completamente dependientes.

Si de verdad queremos avanzar hacia una independencia afectiva, tenemos que crear nuestro propio camino conservando todas las piezas.

Al inicio nos encontraremos solos, en un mundo desconocido, sin saber hacia dónde vamos. El miedo nos dirá que es peligroso, la inseguridad nos contará que no podemos hacerlo y nuestra dependencia nos hablará de que no somos nada sin las otras personas. ¿Y qué pasa si fracaso? Todos asociamos el fracaso a algo negativo, como si fuera algo que nos define como personas. El fracaso forma parte de la vida y dejar de hacer cosas para evitarlo nos impide avanzar y crecer como personas. Nadie ha conseguido el éxito sin fracasar o equivocarse alguna vez. Como dijo Thomas Edison: «No he fallado. He encontrado diez mil formas de hacer que no funcione».

Estar siempre a la defensiva esperando la crítica

Cuando estamos siempre a la defensiva es porque creemos que debemos protegernos de los ataques de los demás. Ya sabemos que la baja autoestima distorsiona la realidad, que nos da una imagen algo desajustada. Nos lleva a interpretar lo que viene del exterior como una amenaza, porque en cualquier momento pueden atacar nuestras inseguridades, defectos, fracasos... Necesitamos protegernos de lo que otros puedan decir o hacer. Cuando nosotros somos los primeros en recordarnos todo lo negativo, caemos en el error de pensar que los demás van a hacerlo también. Nos ponemos una coraza para evitar más sufrimiento del que nos infligimos nosotros mismos. Una coraza ante las críticas, aunque sean constructivas, porque no aceptamos que los demás nos recuerden lo que para nosotros es obvio, incluso si solo se trata de sugerencias u opiniones. Nos sentimos tan identificados que saltamos con ira, porque somos nosotros mismos los que nos estamos juzgando. Y justificamos esta reacción porque creemos que la intención de la persona era negativa, cuando lo más seguro es que nuestra visión sesgada nos haya impedido analizar la situación de forma objetiva y responder asertivamente. La causa de este malestar no proviene del exterior, no proviene de los demás, es algo que viene de dentro. La inseguridad y la importancia que damos a la opinión de los otros nos hacen estar en alerta. Ser más conscientes de los momentos en los que nos sentimos atacados y evaluar la situación nos ayudará a controlarnos, responder de una manera más asertiva y evitar malentendidos. Con esto no quiero decir que no haya personas que nos ataquen gratuitamente o situaciones en las que no debamos defendernos. Por desgracia, no es así. Solo quería definir a grandes rasgos un comportamiento propio de la baja autoestima.

Como puedes ver (o incluso, experimentar), una baja autoestima es muy agotadora e incapacitante. Nos impide disfrutar de la vida y sentirnos libres, porque se está más pendiente de evitar que de disfrutar, eludir la crítica y el rechazo o huir de experiencias negativas.

Querer evitar lo que da miedo conlleva más aspectos negativos que dejar que suceda lo que tanto se teme.

Amar desde una baja autoestima es amar con inseguridad, adentrarnos en un mar lleno de peces y sentir que hay miles mejor que nosotros. Es dudar siempre del amor que nos dan y buscar pruebas de amor con urgencia cada vez que aparece la incertidumbre. Si vemos una relación como una amenaza, nunca estaremos tranquilos. Cuando desarrollamos percepciones erróneas sobre nosotros y sobre la relación, el miedo, la ira y las inseguridades se apoderan de nosotros. Es difícil sanar cuando no nos sentimos seguros. Escoger a personas que aporten paz es el mejor medio para construir nuestro camino en seguridad y confianza. Una baja autoestima no solo puede hacernos sufrir más en una relación, sino que puede llevarnos a una dependencia de la que es difícil salir.

La baja autoestima nos puede conducir a aceptar un amor insatisfactorio o dañino porque creemos que es lo que nos merecemos. Es importante añadir que, no por no querernos, tenemos que conformarnos con migajas de amor o con un amor enfermizo. Ni hablar.

Estilos de apego

En nuestra infancia no podemos sobrevivir sin la ayuda de figuras protectoras que nos alimenten, nos cuiden y nos protejan. El apego es el tipo de vínculo emocional que establecemos con nuestros cuidadores en la infancia y que, según cómo haya sido, explica la manera de relacionarnos en la etapa adulta. Existen los seguros y los inseguros. Los estilos de apego inseguros (ansioso-ambivalente, evitativo y desorganiza-do) pueden dar lugar a dificultades en la vinculación afectiva con otras personas al adoptar comportamientos que afectan a nuestra salud mental. John Bowlby fue un psicólogo que se interesó por los estilos de apego y desarrolló una teoría en la que estableció cuatro estilos: el apego seguro, y tres apegos inseguros: el evitativo, el ansioso-ambivalente y el desorganizado. Es importante añadir que todos los seres humanos, para establecer un vínculo seguro y sano con los demás, necesitamos que se satisfagan ciertas necesidades emocionales, como, por ejemplo, sentirnos amados, escuchados, apoyados, comprendidos, atendidos, respetados... Cuando se nos niegan estas necesidades, aparecen carencias afectivas y dejan unas huellas que nos acompañan en todas las otras relaciones. Pensamos: «Si en la infancia no me escuchaban, ¿quién me va a escuchar?». De ahí la importancia de tener una vinculación emocional satisfactoria.

Ansioso-ambivalente

Se caracteriza por un vínculo emocional en el que los padres/madres o cuidadores (figuras de apego) nos envían señales contrapuestas que nos provocan angustia y confusión. Se satisfacen las necesidades emocionales solo en algunas ocasiones, de manera intermitente. Al no recibir una respuesta adecuada a nuestras necesidades emocionales, dejamos de confiar, lo cual genera una fuente de inseguridad constante. Esta inconsistencia en las conductas de seguridad y cuidado aumenta en nosotros el miedo y la ansiedad por separación. Tememos alejarnos demasiado de las figuras de apego porque son necesarias para nuestra supervivencia. Exploramos el ambiente en estado de alerta porque debemos asegurarnos de que nos siguen ofreciendo seguridad y protección. Cuando no lo obtenemos, llevamos a cabo intentos de llamar la atención para que así atiendan nuestras necesidades. Dar mucho más, para recibir un poco. Sobresfuerzo y sobrecompensación.

¿Y qué pasa en la edad adulta?

Aprendemos que para sobrevivir en las relaciones es necesario recurrir a las figuras de apego de manera intensa para que calmen nuestra necesidad. Este comportamiento de inseguridad se traslada en la etapa adulta en el hábito de comprobar a menudo si nuestra pareja nos ama y si desea estar con nosotros, dudando del amor recibido y esperando siempre más intimidad y aproximación. La ansiedad hace acto de presencia por temor a la separación y por pensar que va a suceder lo peor.

Estamos acostumbrados a este amor intermitente, a que nos lo demuestren solo de vez en cuando y a demandarlo intensamente.

Nos volvemos muy exigentes porque es la única forma de calmar nuestras necesidades emocionales; desconocemos que partimos de una carencia, de un vacío, y que calmarlo con nuestra pareja puede llevar a la dependencia emocional debido a la falta de autonomía y por la búsqueda urgente de la otra persona para que sosiegue la ansiedad. También podemos caer en el error de esforzarnos para que la pareja nos dé aquello que creemos necesitar (amor, atención, validación, aceptación, calma...) porque somos incapaces de confiar en que podemos sentirnos totalmente apoyados y amados sin estar pendientes del otro.

Una de las mayores desventajas es que se adopta un rol sumiso con el objetivo de encontrar protección y evitar enfrentarse a la vida por sí solos; la necesidad de agradar, el miedo al rechazo y a la ruptura son tan grandes que soportamos cualquier cosa para no poner en peligro la relación (Castelló, 2012).

Una buena autoestima e independencia no se puede desarrollar si no nos damos la oportunidad de conocernos, de tomar decisiones por nosotros mismos, de aprender de nuestros errores y de ser personas independientes y responsables de nuestros propios problemas.

Como podemos ver, un estilo de apego ansioso nos adentra en una edad adulta en la que experimentamos angustia y temor en nuestras relaciones. Nos hemos acostumbrado a repetir tanto estos patrones de necesidades emocionales insatisfechas que intentamos cubrirlas desadaptativamente con la pareja.

Este estilo de apego es el que en la etapa adulta se relaciona con la dependencia emocional.

Evitativo

El apego evitativo se da cuando los cuidadores invalidan, rechazan o se muestran distantes ante nuestras experiencias emocionales. A diferencia del estilo ambivalente, en el que los cuidadores satisfacen las necesidades algunas veces, en el evitativo apenas lo hacen, lo que lleva a una conducta de huida y evitación, a la desconexión emocional. Existe una distancia emocional por parte de los padres que genera en nosotros una sensación de rechazo y de poca valía.

Entendemos que expresar nuestras necesidades emocionales puede asustar o provocar rechazo y, como consecuencia, que no se atiendan. Tras los constantes rechazos por parte de los cuidadores cuando buscamos alivio y protección, aprendemos a no confiar y nos volvemos autosuficientes desde un punto de vista emocional. Comprendemos que para seguir en conexión con nuestros cuidadores tenemos que renunciar a nuestras emociones, por lo que nos desconectamos emocionalmente. Se trata de un mecanismo de defensa que lleva a una conducta de huida y evitación: así nos libramos de sentirnos rechazados y, por tanto, dejamos de sentir emociones.

Como nuestras emociones nunca fueron atendidas, aprendemos a ser autosuficientes e independientes, negamos nuestras necesidades y carencias debido a la dificultad para sentirlas, identificarlas y expresarlas. Para no enfrentarnos a un posible rechazo, preferimos no mostrar nuestras necesidades y así mantener cierta seguridad.

O sea, al no haber podido expresar y gestionar adecuadamente nuestras emociones con los demás, tampoco hemos aprendido a hacerlo por nosotros mismos. Se crea como una especie de bloqueo, nos lo guardamos todo dentro, lo que nos lleva a una desconexión en la que cualquier cosa del exterior con mucha carga emocional (como una relación) sea demasiado, porque ya tenemos suficiente con nosotros mismos. En conclusión, una dificultad enorme para sentir algo a nivel emocional.

¿Y qué pasa en la edad adulta?

En las relaciones de pareja en la etapa adulta suele aparecer una gran dificultad para mostrar afecto, desconocemos qué sentimos y el significado de nuestras emociones.. Al no saber lidiar con ellas y con la carga emocional que conlleva una relación, evitamos la intimidad, lo que se relaciona con... miedo al compromiso.

Estas personas se muestran muy autosuficientes e independientes porque, dado que no tienen contacto con las emociones, han negado su vulnerabilidad y sus carencias. Eso puede llevarlas a ser poco coherentes y poco auténticas porque no emplean las emociones para guiarse y tomar decisiones.

Sus conductas son desconcertantes porque pueden pasar de mostrarse altamente cariñosos a ser muy fríos, además de utilizar conductas de evitación cuando hay un exceso de acercamiento o compromiso porque les cuesta regular las emociones. Cuando de verdad quieren estar con alguien y empiezan a sentir algo, les es difícil manejar las emociones y tienden a alejarse; no es que no quieran al otro o no deseen comprometerse, sino que son incapaces de lidiar con la carga emocional. Tienen una buena autoestima, pues son muy autónomos. En otros ámbitos se muestran como personas muy seguras, pero en las relaciones amorosas tienen dificultades porque no han desarrollado sus capacidades emocionales, lo cual puede ser abrumador. Pueden enviar mensajes contradictorios; estar bien un día, pero al siguiente agobiarse y alejarse.

Es una desconexión emocional la que provoca el apego evitativo; tienen dificultades para sentir, identificar y expresar sus emociones, y eso conlleva consecuencias.

Desorganizado

Viene a ser una mezcla entre el tipo de apego ansioso y el evitativo. Se llama «apego desorganizado» porque los cuidadores actuaron de manera desorganizada, imprevisible e impredecible. Se pueden presentar también maltratos y abusos, lo que genera un profundo desequilibrio. Para sobrevivir, nos mantenemos cerca de los cuidadores, pero para esto es necesario tolerar las agresiones y los actos violentos, por lo que puede desarrollarse una disociación. (Es un mecanismo adaptativo que «desconecta» la mente de la realidad, cuando la persona en cuestión se encuentra ante una situación límite que sobrepasa sus recursos de afrontamiento).

Este tipo de apego se caracteriza por el descuido de las necesidades emocionales, cosa que crea confusión y a la vez terror y angustia por el miedo a las reacciones negativas y violentas. Podríamos estar hablando del origen de la sumisión; aprenden a amoldarse para que los demás no se enfaden y no respondan de manera agresiva, desconectan de lo que desean y necesitan y solo hacen lo que los demás quieren. No hay una vinculación adecuada porque las personas cuidadoras, en principio, eran insensibles, negligentes o cometían abusos de algún tipo de forma extrema o simplemente no seguían un patrón previsible o eran atemorizadoras.

¿Y qué pasa en la edad adulta?

Ya de adultos reviven constantemente el trauma y entran en un bucle enfermizo que dificulta establecer relaciones estables. Viven en un continuo estado de alerta porque cualquier comportamiento puede desatar el enfado de la otra persona y hacerles sentirse indefensos. Aprenden a reprimir las emociones, como se les exigía de niños. En las relaciones adultas, a pesar de sentir que todo el mundo se aprovecha, son incapaces de protestar ante conductas violentas o injustas, prefieren aguantar antes que pelear.

Entienden que el amor va acompañado de agresividad y que es legítimo comportarse así con las personas queridas.

Si bien viven con temor, quieren ganar el amor. Tienen dudas constantes sobre la veracidad del amor y les cuesta confiar. Además, desconocen lo que es el respeto por los demás y por sus límites, desobedecen derechos y obligaciones.

Seguro

Se caracteriza por la incondicionalidad de los cuidadores y crea un vínculo seguro en el que sabemos que no nos fallarán. Nos sentimos protegidos, escuchados, comprendidos, amados... Es decir, nuestras necesidades emocionales están cubiertas en su mayor parte, por lo que podemos interactuar de manera apropiada con el entorno y explorar con la seguridad de que, si algo sucede, podemos contar con el apoyo y atención de los cuidadores. Emocionalmente, existe una sintonía entre el niño y la figura de apego, nos acercamos a los cuidadores cuando nos enfadamos para que nos consuelen y los buscamos cuando se alejan. Este es el estilo de apego que nos permite llegar a la vida adulta con una adecuada independencia afectiva y relacionarnos estableciendo vínculos afectivos saludables. Como de pequeños hemos podido construir una buena autoestima, nos ayuda a mostrarnos tal como somos, con confianza y sin temor, y nos vemos capaces de confiar en los demás, mantener relaciones íntimas sin ansiedad y compartir nuestros sentimientos sin temor al rechazo.

¿Es posible que el estilo de apego de una persona haya sido este pero después haya cambiado a uno inseguro? Sí, porque pueden haberse producido experiencias traumáticas, una pérdida o una relación abusiva que haya cambiado su modo de relacionarse.

Seguro que estás pensando: «¿De verdad hay gente con este estilo de apego?». La hay; poca, pero la hay.

Como vemos, la forma de relacionarnos está condicionada por cómo los cuidadores se relacionaron con nosotros cuando éramos niños. El vínculo afectivo que tuvimos condicionará nuestra experiencia del amor y puede desarrollar apegos que dificulten la relación con otras personas en la edad adulta. Cuando en la infancia las necesidades emocionales no se satisficieron de manera adecuada, comienza la construcción de la autoestima dañada y se adopta un patrón de comportamiento similar al de la infancia. Terminamos aceptando que ese es el amor que nos merecemos y creemos que todas las personas van a comportarse del mismo modo que nuestros cuidadores lo hicieron con nosotros. Las creencias negativas e inconscientes que tenemos sobre nosotros nos llevan a buscar a personas que nos traten de idéntica forma, por eso nos atraen personas que validen esas creencias.

No se buscan relaciones a partir de la calidad, sino de la familiaridad. Se establecen vínculos parecidos a los que se han vivido, porque es lo único que se conoce.

Por eso es tan difícil cambiar nuestro estilo de apego, porque requiere aprender algo completamente nuevo.

¿CÓMO SE RELACIONAN LOS ESTILOS DE APEGO?

¿Qué estilos de apego van a tener más posibilidades de una relación tóxica?

Evitativo con ansioso, y cualquiera con el desorganizado.

Persona evitativa con ansiosa

Dentro de los diferentes estilos de apego, la relación amorosa más tóxica es la que se da entre una persona ansiosa y otra evitativa. Las personas que forman una relación en la que una es ansiosa (muy preocupada por el amor) y la otra es evitativa (independiente) puede que se quieran. No tienen las mismas necesidades de intimidad y cercanía. Esto las hace caer constantemente en inseguridades, en situaciones negativas, en disputas... Es un tira y afloja.

La persona ansiosa tiene más que perder, porque continuamente analiza si su relación es correcta y si se siente amada. Suele ceder más y llega a perder su autoestima, quiere pasar más tiempo con su pareja, siente que no merece su amor, se esfuerza mucho en la relación más por miedo a perder a su pareja y que no la quieran que por amor. Le sorprende que la otra persona quiera estar con ella y eso satisface su ego. Pero, por otro lado, la persona evitativa se agobia con tanta intimidad y empieza a desconectar. La persona ansiosa entonces protesta y actúa con hostilidad, lo que ocasiona que la persona evitativa se aleje más.

Empieza una «persecución». La persona ansiosa intenta volver a reconectar y recuerda los buenos momentos, mientras que la evitativa retrocede y recuerda los malos. Así se entra en un círculo, en el que la persona ansiosa va perdiendo terreno y se compromete con las necesidades de la persona evitativa.

El problema es que la persona ansiosa busca la cercanía

de su pareja cuando lo que hay es una amenaza, una lucha, celos. La evitativa busca la separación y la distancia. Las diferencias respecto a la intimidad no se pueden compaginar. En estas relaciones, la pareja ansiosa puede acabar aceptando las reglas impuestas por la persona evitativa. Si estas personas llegan a casarse, sus estilos de apego solo empeorarán las cosas. Si estos diferentes estilos no se resuelven, el conflicto continuará hasta la eternidad. La persona evitativa se puede convertir en más hostil o distante.

Desorganizado

Las relaciones son más complicadas con este estilo de apego porque puede haber reacciones agresivas y explosivas. Se tiende a la destrucción de sí mismos y de la pareja, y se entiende el amor como una lucha de poder, de dominación y humillación hacia sí mismos o hacia el otro. Al relacionarse con una baja autoestima pueden llegar a hacer daño a las personas cercanas por la incapacidad de sentirse bien consigo mismos.

¿ES POSIBLE TENER RELACIONES DE PAREJA SATISFACTORIAS SIN UN APEGO SEGURO?

Por supuesto que sí. El apego es algo que se aprende y, por lo tanto, puede aprenderse de otra forma distinta. Se puede conseguir con una terapia que enseñe a dar y recibir de manera sana.

No te voy a engañar, no es un proceso fácil, ya que supone tomar conciencia de aspectos que desconocíamos de nosotros mismos o a los que no les habíamos prestado atención, exponernos a sentimientos desagradables difíciles de gestionar, cerrar heridas pasadas que siguen abiertas y aprender a interpretarlo todo desde una nueva perspectiva emocional.

Realizar todo esto cuesta, pero el resultado vale la pena. No es algo que se pueda conseguir de la noche a la mañana, es una carrera de fondo en cuya meta está el recuperar nuestra esencia y así poder crear relaciones basadas en la confianza y la seguridad.

Puede que no sea al cien por cien. Es importante que entendamos que son conductas que han estado presentes en nuestra vida durante mucho tiempo; el hecho de que vayamos estableciendo apegos seguros no significa que no aparezcan comportamientos de nuestro antiguo estilo de apego. No quiero que te sientas culpable y creas que «no estás cambiando» o «no estás haciendo lo suficiente». La postura más realista es entender que una parte de nosotros es inamovible y que quizá tengamos que convivir con ella y aceptarla.

En nosotros siempre habrá una tendencia automática e inconsciente que nos llevará a actuar de la manera que nos es más familiar. Sin embargo, con práctica, consciencia y repetición, podemos ir cambiando algunas conductas para, finalmente, crear un patrón de comportamiento ligado a un apego seguro.

2

Dependencia emocional

NECESIDADES EMOCIONALES. ¿POR QUÉ SIENTO UN VACÍO?

Es importante que sepas que la dependencia emocional se da en el momento en el que tenemos unas necesidades emocionales que no han sido satisfechas y buscamos satisfacerlas de forma desadaptativa con los demás. Como necesidades emocionales podemos entender sentirse escuchado, querido, amado, validado, aceptado, respetado, entre otras. Satisfacerlas es clave para el bienestar emocional, el crecimiento y el desarrollo personal y, por supuesto, para establecer relaciones saludables.

Cuando nuestras necesidades emocionales no están satisfechas, existe la necesidad apremiante de llenar ese vacío. El problema es que eso nos lleva por el camino equivocado y provoca un gran desgaste emocional y cansancio mental, y el malestar se intensifica porque la sensación de vacío sigue ahí.

A estas alturas del libro, imagino que ya sabes que los demás no van a satisfacer tus necesidades emocionales no cubiertas. Como seres sociales buscamos protección y seguridad, validación, aceptación, aprobación... y, si no las hemos obtenido en la infancia, en la edad adulta nos encontraremos buscándolas desesperadamente en las relaciones que mantenemos. Cada vez que vivimos una situación que, de forma inconsciente, nos remite a un momento de nuestra infancia donde nos sentimos poco queridos, desprotegidos, invalidados, reaccionamos para no sentir ese vacío y buscamos que otros lo llenen.

Si durante los primeros años de la vida nuestras necesidades emocionales han sido satisfechas y cubiertas, eso nos permite crecer con un apego mucho más seguro, es decir, teniendo un mejor concepto de nosotros mismos que ayude a construir una buena autoestima.

La búsqueda de personas que satisfagan esas necesidades emocionales resulta en un patrón muy adictivo, sentimos que, sin esa aprobación, validación, aceptación, amor... no somos nada y, sin quererlo, generamos un apego mayor que nos termina destruyendo.

SI UNA PERSONA NO SATISFACE MIS NECESIDADES EMOCIONALES O LA RELACIÓN NO ES LO QUE QUIERO, ¿POR QUÉ SIGO A SU LADO?

En el momento en que nos planteamos esa pregunta es cuando podemos afirmar que tenemos un apego patológico o, como se conoce más ampliamente, dependencia emocional.

Si nuestra autoestima está dañada y creemos que no valemos lo suficiente o que no somos válidos y merecedores de respeto y amor, buscaremos esa validación fuera. Pero ahora ya sabemos que una baja autoestima no nos permite ver que nadie puede satisfacer nuestras necesidades emocionales si no lo hacemos nosotros primero y que si una persona no nos ofrece la seguridad y tranquilidad que buscamos en una relación, es probable que no podamos dejarla, puesto que los pensamientos que genera nuestro diálogo interior negativo y crítico aumentarán el riesgo de dependencia emocional.

La pareja es la figura de apego a la que más tendemos a engancharnos en la edad adulta.

Escapamos de nuestros padres atándonos a otra persona para repetir exactamente lo mismo pero bajo otro nombre. Ya no solo se busca el amor de los padres, ahora se añade el amor de una pareja.

Cuando nos hacemos mayores, la mayoría continuamos con el papel que adoptamos en nuestra familia de origen, por eso, una persona que haya tenido un estilo de apego seguro en la infancia desarrollará una buena autoestima y tendrá pocas probabilidades de caer en una dependencia emocional. Una buena salud emocional le hará más fácil identificar cuándo una relación no funciona o no es lo que quiere y poder salir de ahí. Nadie es inmune a la dependencia emocional, pero una buena autoestima es un factor protector y una ventaja ante esta dependencia dañina.

Así se ve la dependencia emocional

La dependencia emocional es la necesidad afectiva extrema que una persona siente hacia su pareja. Según Silvia Congost, psicóloga experta en dependencia emocional, depender emocionalmente de alguien significa estar con alguien para evitar aspectos negativos: miedo a la soledad, miedo a pasarlo mal si lo dejamos, miedo a no encontrar a nadie igual, miedo al fracaso, miedo al qué dirán... El problema viene cuando esos miedos nos bloquean en la vida y la relación se convierte en una fuente de malestar e infelicidad.

Diversos autores coinciden en la idea de que la mayoría de las relaciones amorosas conllevan una cierta dependencia, y esto puede considerarse normal, incluso deseable y adaptativo, sobre todo en etapas como el enamoramiento. La dependencia patológica es otra cosa, ya que implica una necesidad afectiva persistente por otra persona, y un deterioro significativo en áreas importantes de la vida. Los dependientes emocionales también se caracterizan por ser personas vulnerables emocionalmente, tener actitudes destructivas, una pobre autoestima, incapacidad para romper ataduras y sentimientos negativos.

Son varias las definiciones que se pueden dar de la dependencia emocional, pero me quedo con la que leí en un libro de Silvia Congost y que la describe como la incapacidad de renunciar a una relación a pesar de que es imprescindible dejarla.

En los casos de dependencia emocional solemos encontrarnos ante un apego obsesivo en el que se busca de manera compulsiva a una persona (pueden ser también objetos, ideas...) bajo la creencia de que sin ella la vida no tiene sentido. Necesitas que la otra persona satisfaga tus necesidades emocionales para sentirte realizado, seguro y feliz.

Creo que la mayoría hemos pasado por experiencias similares en alguna época de nuestra vida. Seguramente, has tenido alguna relación que sentías que no iba a ninguna parte, en la que ambos teníais objetivos distintos y en la que ignoraste señales que te indicaban que lo mejor para tu bienestar sería dejarla. Cuando se vive así, hay un sentimiento de vacío constante que solo se puede llenar teniendo a esa persona al lado, pero en realidad es la relación la que genera el sentimiento de vacío.

Sabemos que la dependencia emocional se asienta sobre una baja autoestima, y que esta distorsiona la imagen que tenemos de nosotros y los demás, por lo que es lógico que en estas situaciones nos aferremos a personas que no nos hacen bien.

En el momento en el que preferimos seguir con una relación por miedo a la soledad, al abandono, a la ruptura, al fracaso o a no encontrar a nadie igual, nos bloqueamos y nos hundimos más en ella.

En la dependencia emocional estamos atrapados en una relación de la que no sabemos cómo salir.

Cuando estamos atrapados en una relación de dependencia emocional, aunque nuestra pareja nos quiera, elija estar a nuestro lado y nos lo demuestre constantemente, nunca es suficiente, porque el miedo al temido abandono y el sentimiento de apego es tan intenso que nos mantiene siempre en alerta.

En la mente de una persona con miedo al abandono y con dependencia emocional, una simple frase como «Voy a salir un rato» se puede traducir como «Voy a salir un rato y no volveré nunca más». Algo que hace saltar todas las alarmas y que se viva con un temor exagerado.

De ahí que la dependencia emocional sea tan incapacitante. Ya no solo por el apego enfermizo hacia la pareja, sino porque cualquier situación o acción normal del día a día se convierte en una tortura.

Vivir el amor de una manera tan destructiva no es amor, es dependencia. Si hay dependencia no hay amor, hay adicción.

CÓMO SÉ SI LA ESTOY SUFRIENDO

De manera breve, se pueden dar las siguientes características:

- Disposición a aceptar aspectos desagradables simplemente por mantener la relación.
- Caer en la manipulación con facilidad debido a la necesidad de seguir con el vínculo.
- Sensación de que la felicidad depende de la pareja, ya que acapara toda nuestra atención.
- Necesidad de pedir su opinión ante cualquier decisión por temor al rechazo e incapacidad de decidir por nuestra cuenta.
- Temor a la pérdida o la separación de la pareja.

- Sensación constante de vacío que solo puede llenarse con la pareja.
- Preocupación desadaptativa por tener que cuidar de nosotros.
- Sentimiento de inferioridad en la relación.
- Tendencia a anular los deseos propios por agradar a la pareja y por priorizarla.
- Deseo de cambiar a la pareja para que se convierta en lo que se desea.
- Prevalencia tan acusada de emociones como la ansiedad, tristeza, incertidumbre, inseguridad, temor... que incluso empezamos a somatizar.
- Necesidad de que nuestra pareja nos dé muestras constantes de amor y afecto para sentir que valemos suficiente y que no se irá de nuestro lado.
- Convicción de que la única manera de mantener la relación es por medio del control absoluto.
- Nos olvidamos de nosotros mismos hasta el punto de perder nuestra esencia.
- Las dudas lo dominan todo, dejamos de saber qué queremos y qué sentimos.
- Dificultad para dejar la relación a pesar del conflicto interno que existe entre nuestra razón y emoción.

Se depende porque se cree que se necesita.
Se ama porque se elige estar con esa persona.

¿SE TRATA DE UNA ADICCIÓN AL AMOR?

Cuando sufrimos dependencia emocional, el comportamiento es muy similar a la adicción a una droga. La sensación de sentirse amado se asemeja al placer de los opiáceos, es decir, toda relación amorosa positiva provoca en los circuitos cerebrales la misma sensación de placer que las drogas sintéticas. La gratificación del drogadicto con su droga se reproduce de forma biológica igual que el placer de sentirnos conectados a las personas amadas.

Por ejemplo, la adicción al amor sigue un proceso muy similar a la adicción al juego. Cuando jugamos a las máquinas tragaperras, creemos que en la próxima partida va a salir el bote, lo que nos hace jugar una y otra vez y, cuando por fin queremos retirarnos, nuestra mente nos dice: «Después de todo lo que has invertido, ¿vas a renunciar ahora? Inténtalo una vez más».

Así nos enganchamos a estas relaciones. Nos desvivimos para que nuestra pareja nos dé todo lo que estamos buscando y así sentirnos plenos. A pesar de la frustración de no obtener nuestro «premio», creemos que en un futuro próximo llegará y cuando aparece un pensamiento más lúcido que nos da una perspectiva real de lo que sucede para que nos retiremos, la mente nos la juega: «Después de todo lo que has invertido, ¿vas a renunciar ahora? Inténtalo una vez más».

La mente siempre busca coherencia, trata de darnos todas las justificaciones posibles para creer que vale la pena continuar y así evitar salir de la zona de confort, afrontar una ruptura y un futuro incierto.

Si nuestra creencia es «Debo mantener esta relación a toda costa», la mente nos envía todo tipo de autoengaños y justificaciones para validarla, lo cual nos desvía de la realidad y nos distancia de nuestro «yo». Nos desconecta de nuestra esencia y destruye nuestra autoestima (la poca que queda), haciendo que cada vez tengamos menos capacidad para abandonar la relación.

Es como si estuviéramos buceando y no pudiéramos subir a la superficie porque estamos atados a una piedra que nos arrastra hacia el fondo. No queremos romper la cuerda que nos ata a ella porque sentimos que será una pérdida dolorosa y nuestro apego hacia ella nos hace dependientes. De manera inconsciente, nos hundimos más y nos alejamos de la superficie solo por conservar la piedra.

QUÉ PUEDO HACER PARA SUPERARLA

Ahora que ya hemos explicado qué es la dependencia emocional, me gustaría centrarme en cómo se puede evitar y en qué momentos es esencial alejarse. Cuando sufrimos de baja autoestima es más probable que iniciemos relaciones de pareja en las que suframos dependencia emocional, relaciones dañinas en las que creemos vínculos enfermizos. Independientemente de la calidad de la relación, es importante detectar cuándo nos estamos apegando demasiado a la pareja para trabajar en nuestra independencia. Se trata sobre todo de trabajar en ti mismo para promover esa autonomía y libertad.

Lo más importante es identificar cuándo necesitas a la pareja

Cuando actuamos de manera inconsciente sin darnos cuenta del descontrol que tenemos sobre nosotros mismos, está claro que estamos apegados. Es importante reconocer la realidad en la que estamos inmersos y admitir que somos dependientes y que necesitamos a la pareja, aceptar lo que está ocurriendo. Desde el rechazo no hay cambio, así que la conciencia plena del presente es el mejor aliado, por mucho que cueste conseguirla.

Una vez seamos conscientes de nuestra realidad, podremos empezar a deconstruir todas las creencias que han estado dirigiendo nuestra vida. Se trata de cuestionar cada uno de los pensamientos que tenemos acerca del amor y las relaciones y no tomarlos como verdaderos. Es nuestra interpretación de la realidad la que nos condiciona, pero al igual que le hemos dado poder sobre ciertos pensamientos podemos deshacernos de ellos. Cuando afirmamos: «Necesito a mi pareja», nos esclavizamos a ella, pero si reflexionamos un poco, podemos cambiarla por una frase alternativa como: «Quiero a mi pareja, pero no la necesito».

Otra frase que me duele escuchar es: «Sin esa persona no soy nada». ¿Qué significa que no eres nada? ¿Está tu vida en peligro real si esa persona desaparece? ¿Vas a apagarte como si fueras una máquina? ¿Vas a perder alguna parte de tu cuerpo que te impida continuar? Entonces ¿quieres decir que antes de conocer a esta persona no eras nada? En este caso podemos plantearnos de forma alternativa: «Me va a doler estar sin esa persona, pero entiendo que el vínculo que he creado con ella no es saludable y me está haciendo daño. El proceso de ruptura será complicado, pero es decisivo para mi salud mental».

Es imprescindible hacer este trabajo con las creencias que tenemos sobre el amor (como vimos en el capítulo de los mitos del amor romántico), sobre la relación y sobre nosotros mismos. Cambiar el significado de todas esas creencias es un camino hacia la liberación.

Dejar que ese temor se cumpla y no hacer nada para evitarlo

Dejar que eso «tan temido» suceda, porque, aunque queramos controlarlo, no podemos. Si nuestra pareja quiere dejarnos, está en su derecho, aunque no nos guste. No es la experiencia más bonita del mundo, creo que a nadie (o casi nadie) le gusta sufrir una ruptura, pero no debemos dejar de ser quien somos para retener a alguien a nuestro lado contra su voluntad. Está fuera de nuestro alcance y querer controlar algo incontrolable nos causa dolor.

Una relación no debe conllevar la pérdida de quienes somos.

Este es uno de los mensajes más importantes que quiero transmitirte y es que el hecho de estar en una relación no conlleva la pérdida de identidad, de independencia, de libertad y de autonomía. Para nuestro bienestar emocional es básico entender que, para que una relación sea saludable, debemos olvidarnos del sometimiento y de complacer a toda costa sin recibir nada o muy poco a cambio. Una relación puede ser igual de perfecta y saludable siempre y cuando las dos personas sean seres completos y se quieran unir, quieran compartir. Las relaciones están para disfrutarse desde la plenitud, desde el conocimiento de nuestras necesidades y deseos, desde el respeto y amor que tienes por y para ti, desde la protección de los derechos y la libertad. Si vivimos desde el sometimiento, nos volvemos esclavos de nuestros propios miedos, y nos acostumbramos tanto a evitar los rechazos y abandonos que no nos damos cuenta de que es lo único que conseguimos.

Hablarnos de manera honesta y preguntarnos qué necesitamos

¿Qué es lo que nuestro niño interior está reclamando? Nuestro yo herido del pasado nos habla constantemente pero no lo escuchamos porque estamos demasiado ocupados buscando lo que nos falta en el exterior, cuando en realidad la respuesta está dentro de nosotros. Es hora de que empieces a darle a ese niño interior lo que nunca tuvo, porque nadie más puede hacerlo.

Estar atentos para reconocer los autoengaños y justificaciones, dado que es muy fácil caer en ellos

Como ya he comentado, la mente evitará a toda costa el cambio, salir de la zona de confort y tomar una ruta desconocida.

Por eso la aceptación es clave, porque al fin nos quita la venda de los ojos y nos hace ver que lo único que hacemos es girar en torno a la relación, como si nuestra vida dependiera solo de eso. La aceptación nos ayuda a abrazar la idea de que estamos yendo a contracorriente, de que siempre chocamos con la misma piedra. Las señales están ahí, pero es mejor recurrir a los autoengaños y justificaciones y, así, tener una razón para quedarnos y evitar afrontar una realidad que duele. Debemos aceptar que lo peor puede ocurrir. ¿Y qué es? ¿Que nuestra pareja nos deje?

Sin darnos cuenta de que lo peor ya está sucediendo, hemos dejado de tener el control de nuestra vida.

Ponemos todas nuestras fuerzas en lograr que esta relación sea la definitiva. Sentimos que, al fin, hemos encontrado a la persona correcta, la estabilidad deseada y el objetivo establecido. No obstante, pasa el tiempo y no es como esperábamos. Nos hallamos en una espiral de la que no podemos salir, hay piezas que no encajan con nosotros. Nos resistimos a soltar y pensamos en intentarlo una vez más. Si nos planteamos la posibilidad de que la relación termine, nos sentimos como un fracaso: «Otra relación que no ha funcionado», nos decimos. Nos aferramos a la esperanza de que algún día será como imaginamos, pero por más que pasa el tiempo, nada cambia, y ahí seguimos, en una relación que no nos llena y tratamos de mantener para cumplir unas expectativas irreales.

Tras una expectativa poco realista están la decepción y la frustración. La sensación de que no ha funcionado y nada de lo que has hecho ha servido. La idea de que si lo sigues intentando lo conseguirás. Alcanzarás aquello que te habías propuesto. Pero eso nunca llega... ¿Está mal tener expectativas? No. De hecho, son necesarias para impulsarte a luchar por aquello que te propongas. Sin embargo, pueden ser peligrosas cuando idealizamos la relación y su potencial. Porque no te dejan ver la realidad.

Enamórate de la persona, no de su potencial

Debemos aprender a identificar falsas esperanzas y expectativas exageradas sobre la pareja y ceñirnos a lo que realmente está sucediendo aquí y ahora, en el momento presente. Tratar de que sean lo más realistas posibles para no caer en la trampa y que una relación sin salida se alargue más de lo necesario. El futuro no importa si realmente no estamos disfrutando el presente. ¿De qué sirve estar dos, tres, cuatro años sufriendo por si la relación al final va a ser como tú quieres? La relación tiene que ser como queremos que sea ahora. Si no es así, lo siento, pero no vale la pena desperdiciar más tiempo. Lo que sí que vale la pena es que empecemos a tomar control de nuestra vida. Decidir lo que es bueno para ti y hacer algo al respecto.

Trabajar el autocontrol

El autocontrol es el mejor aliado en el proceso para superar la dependencia emocional, junto con la aceptación y el trabajo en la autoestima. Ya hemos visto que se trata de una adicción y lo que se busca es una gratificación instantánea. Un mensaje que nos diga que todo está bien, que nuestra pareja está a nuestro lado, una llamada para asegurarnos de que no se ha ido con otra persona, una pobre explicación de que la relación no se termina...

Llega un punto en el que cualquier cosa es válida y nos tranquiliza lo suficiente (aunque sea por poco tiempo) para continuar con la relación. Pero en realidad se trata de conductas de evitación para no afrontar que estamos enganchados a un vínculo dañino. ¿Qué tiene que ver el autocontrol con esto? Que será la forma de retrasar al máximo esa gratificación para cortar con el ciclo adictivo.

Independizarse emocionalmente tiene un coste: lo que se conoce como el fenómeno de «síndrome de abstinencia». Se trata de un sufrimiento útil que nos ayuda a desapegarnos. Dejar de recibir la dosis diaria de nuestras adicciones preferidas descompensa el organismo y lo altera a nivel sistémico. Hay dolor y desesperación. En las dependencias la curación es paradójica: sufrir para dejar de sufrir. Ya no vamos a buscar ese mensaje tranquilizador ni hacer esa llamada para asegurarnos de que todo va bien. Vamos a dejar que el camino nos lleve sin hacer ninguna modificación.

Construir a nuestra gran aliada: la autoestima

Una de las razones por las cuales la dependencia emocional está presente es la falta de confianza en uno mismo. La sensación de que no podremos superar una ruptura porque no nos damos la oportunidad de creer en nuestras propias capacidades y habilidades. Hemos asumido hasta tal punto la idea de que necesitamos a la otra persona que ni siquiera nos damos cuenta de que vivimos con lo que se conoce como «indefensión aprendida». Desconocemos nuestro potencial y lo que en realidad podemos llegar a hacer. Las creencias son tan rígidas, están tan arraigadas, que no las cuestionamos, y eso nos impide su deconstrucción.

Amar es elegir a la otra persona porque encaja con nuestros valores, nos hace sentir bien, nos suma, nos apoya. Cuando una relación afecta a nuestra salud mental, destruye nuestra autoestima, dejamos de ser nosotros, y lo mejor es ponerle fin. Es un trabajo que tendremos que hacer individualmente. Cada objetivo que se consiga cumplir nos dará más confianza y hará que poco a poco nos sintamos mejor y podamos construir una buena base de autoestima. Conlleva esfuerzo, autoconocimiento, autocontrol, aceptación, quitarnos la venda de los ojos y saber que sí, será doloroso, pero que esa pérdida de ahora es lo que nos permitirá recuperar lo que somos.

Hay que aceptar que la ruptura es dolorosa, que le echarás de menos y que habrá muchos días malos.

Una persona que sufre dependencia emocional vivirá la ruptura con mucho más dolor debido al fuerte apego afectivo. Con esto no quiero decir que no necesitemos a nadie y que emocionalmente seamos personas del todo independientes. Somos seres sociales y el sentimiento de pertenencia, de aprobación y aceptación es algo que asociamos a la supervivencia, nos ayuda a encajar mejor en la sociedad, entre los nuestros y nos permite crecer y desarrollarnos. Sin embargo, sí creo en una independencia afectiva en la que no se caiga en un tipo de apego enfermizo. Una independencia que nos permita decir: «Me gustas pero no encajas conmigo» o «Me encantaría, pero esto no es lo mejor para mí ahora mismo». Entablar relaciones mucho más saludables sin «necesitar» emocionalmente a nadie.

Durante los primeros años de vida, es vital contar con una figura que nos cuide y nos proporcione todo aquello que no podemos conseguir por nosotros mismos para sobrevivir. Pero ¿necesitamos a unos padres para sobrevivir cuando somos adultos? No. Eso no significa que no los amemos o no nos importen, no. En la edad adulta podemos vivir sin nuestros padres, aunque no sea lo que queremos. Elegimos quedarnos a su lado y elegimos qué tipo de relación deseamos tener con ellos, pero no desde la necesidad, porque como personas adultas e independientes nuestra supervivencia ya no depende de ellos.

No estamos en esta vida en modo supervivencia, sino en modo plenitud.

Cuanto menos necesitemos de los demás, más libres seremos. Se trata de entenderlo desde un punto de vista más saludable: «Estoy bien con estas personas a mi lado y quiero, elijo, continuar con ellas». En cambio, la dependencia emocional se traduciría como: «Sin esta persona no soy nadie», «Si no cuento con su aprobación y no tengo la seguridad de que está a mi lado, no sé qué voy a hacer». Desde este último ejemplo, podemos ver el sufrimiento que conlleva entablar relaciones, porque se viven desde el temor y la inseguridad. Cuando las vivimos desde la tranquilidad y la seguridad, el discurso sería: «Sé que, si las personas a las que quiero desaparecen, será algo muy duro, pero está en mí el poder construir mi vida de nuevo y empezar desde cero».

Tener que empezar de cero no es lo ideal, pero he puesto este ejemplo para que se entienda mejor lo que estoy explicando.

AMAS O DEPENDES

Te recomiendo que respondas a las siguientes preguntas si te identificas con lo que he comentado sobre la dependencia emocional. Este ejercicio te ayudará a ser consciente de tu situación e identificar los puntos que tienes que trabajar.

- ¿Qué te ata a esa relación?
- ¿Qué miedos te impiden dejar esa relación?
- ¿Por qué sigues con tu pareja si sabes que no te aporta lo que quieres o necesitas en este momento?

Haz una lista de todas las creencias ligadas a la dependencia y, al lado, apunta todas aquellas alternativas que te ayuden a ver la relación desde un punto de vista más racional.

Identifica las debilidades que te hacen caer en este círculo. Una vez identificadas, te será más fácil anticiparte a ellas y crear un plan alternativo para protegerte al máximo en lugar de volver a caer.

Cuando comprendas de manera racional lo que te sucede y aceptes que sufres dependencia emocional, podrás empezar a trabajar en ello.

Una vez hayas entendido e identificado la dinámica de tu dependencia, te será de gran ayuda razonar y saber que no te estás volviendo loco, sino que tienes un problema de dependencia emocional y has normalizado muchísimos comportamientos.

Debes ser consciente de que quizá estés confundiendo amor con dependencia.

Recuerda, con tu pareja es así cuando:

- Amas: te aporta positividad, felicidad, cariño, risas, relajación, calma, afecto, apoyo, un proyecto de vida...
- Dependes: sufrimiento, sumisión, infelicidad, frustración, estrés, lo alargas más tiempo de lo necesario...

¿Crees que estás sufriendo dependencia emocional? Sé que puedes sentir que nada de lo que te he contado es suficiente para superarla. Pero esto no acaba aquí. Continuemos.

3

Relaciones tóxicas

Una de las desventajas de tener una baja autoestima es que te convierte en presa fácil para personas manipuladoras, maltratadoras y controladoras, por lo que un mayor riesgo de caer en relaciones tóxicas y enfermizas. La falta de confianza en uno mismo y el carácter destructivo de algunas parejas convierten las relaciones en una trampa de la que es más difícil salir. Bajo el efecto de la dependencia emocional, se permiten y toleran comportamientos abusivos, manipulaciones o incluso maltrato físico en los casos más graves. Cuando hablo de «permitir», no sugiero que haya que culpar a la víctima o atribuirle la responsabilidad de lo sucedido. Se trata de algo que hacemos de manera inconsciente, impulsados por la baja autoestima y que ya de por sí nos indica que tenemos que trabajar mucho en nosotros mismos si queremos salir de la trampa de estas relaciones.

En este capítulo vamos a hablar de lo que no se considera un amor sano, sobre todo de las relaciones tóxicas y el maltrato psicológico, cómo detectarlas, gestionarlas y establecer relaciones saludables.

LO QUE NO ES AMOR

Como hemos visto en capítulos anteriores, la cultura ha ligado los conceptos de amor y sufrimiento y hemos terminado normalizando conductas que son de todo menos amor. Se controla, se miente, se maltrata, se complace, se limita, se quita libertad y parece que, para muchas parejas, esto es normal, lo cual es alarmante.

El amor puede tener un significado diferente para cada persona, en función de las experiencias que ha vivido en la niñez y que hacen que inconscientemente adoptemos ciertos comportamientos en la vida adulta.

Si las personas que más deberían habernos amado nos educaron con gritos, control, ausencia, maltratos y manipulaciones, tenderemos a identificar el amor con este tipo de conductas. Nos hemos acostumbrado a vivir con temor, incertidumbre, ansiedad, pérdidas, peleas e intranquilidad. Asociamos, de manera equivocada, conceptos que harán del amor un tormento.

Los primeros años de la vida son cruciales para desarrollar un concepto de amor y establecer unas pautas que condicionarán nuestras futuras relaciones, pero eso no significa que no podamos cambiarlas después.

El amor tóxico es el que se basa en conductas que nos invalidan, nos menosprecian, nos quitan libertad, nos restan, nos juzgan y nos faltan al respeto, entre muchas otras.

Las relaciones que nos hunden y destrozan son aquellas que se caracterizan por comportamientos dañinos e hirientes. Aquellas relaciones que tratamos de hacer que funcionen a costa de pagar un precio muy alto y mermar nuestra autoestima. No son sanas, transparentes ni seguras. Son relaciones que nos llenan de ansiedad y temor, de incertidumbre e inseguridad, nos hacen vivir con una sensación de conflicto constante, como si en cualquier momento pudiera estallar una bomba, y suscitan comportamientos irresponsables e inmaduros que ponen en duda valores y creencias. Tenemos que ponernos en alerta si nos sentimos siempre enfadados, desubicados y nos comportamos de manera distinta a la habitual, si nos descubrimos mintiendo a la gente de nuestro alrededor sobre la relación, por miedo a admitir lo que realmente está pasando.

¿Estoy en una relación tóxica?

Cuando en una relación las necesidades emocionales no se están satisfaciendo adecuadamente, aparece el vacío. Si para llenar ese vacío optamos por normalizar comportamientos dañinos, estaremos creando una relación tóxica.

Por poner un ejemplo, sentirme menospreciada por mi pareja tiene como consecuencia una reacción de enfado que descargo contra ella de manera constante para que se dé cuenta de cómo me siento. Otro ejemplo sería el hecho de que mi pareja se siente sola cuando no está conmigo y lo utiliza como chantaje y medida de control para que me quede a su lado.

Está claro que un comportamiento aislado no define la

calidad de la relación, y mucho menos lo que somos. Además, todos hemos podido caer en algo así en algún momento y eso no nos convierte en personas tóxicas. Sin embargo, si esto se repite a menudo, agravará el sentimiento de vacío y favorecerá la aparición de otros comportamientos dañinos. A continuación, voy a describir las características más comunes de este tipo de relaciones y los patrones que se presentan.

Rechazos y críticas hacia ti, tu personalidad o tu círculo

La otra persona rechaza de manera sistemática tu forma de ser, es decir, no te acepta tal como eres. Es cierto que cuando iniciamos una relación se suelen ver cosas que no nos acaban de gustar, pero para que dos personas puedan adaptarse en una relación se tiene que partir de la aceptación y no del rechazo. Si nuestra pareja nos rechaza, es muy difícil que pueda haber espacio para el desarrollo o el crecimiento personal, además de una relación sana y estable.

El principal problema del rechazo es que crea un conflicto interior que nos lleva a cambiar lo que somos para agradar al otro y conservarlo.

Sabemos que, en lo que se refiere a las relaciones personales, no todo es perfecto, no todo nos gusta. Somos seres imperfectos y es el hecho de hablar, compartir y solucionar nuestras diferencias a tiempo lo que ayuda a que la relación se consolide. Pero eso en ningún caso implica que tengamos que perder nuestra identidad o renunciar a lo que somos. Cualquier paso que se dé tiene que venir desde la validación y la aceptación. Es importante recordar que aceptación no significa resignación. Cuando aceptamos al otro, lo amamos sin tratar de cambiarlo, conscientes de que siempre habrá cosas que no nos gusten de él y viceversa. Nosotros decidimos si queremos cambiar o no. Si a una persona no le gusta como eres, entonces que no esté contigo. Pero si tienes que cambiar para que esté contigo, no vale la pena.

Es perfectamente normal que no nos gusten algunas características y comportamientos del otro. Es en este momento cuando conviene preguntarse: ¿Es esto suficiente como para no continuar con esta persona? ¿es esto un impedimento para iniciar una relación?

Es injusto que queramos cambiar algo de nuestra pareja simplemente para que se amolde a nuestros gustos.

Se trata de hablar, de comunicarse y de entender hasta dónde podemos cambiar o mejorar sin dejar de ser quienes somos.

Nunca debe ser: «Cuando cambies te voy a querer». ¿Sabes por qué? Porque cuando cambies «eso», lo más seguro es que haya alguna otra cosa que se sume a la lista y se mantenga en esa dinámica tan dañina.

Si no te gusta algo de mí, estoy dispuesto a escucharte y ahí decido si puedo cambiarlo o no.

Entrar en una relación no significa resignarse, porque en el momento en el que nuestra pareja rechaza algo que hayamos dicho o hecho podemos caer en la trampa de creer que hay algo mal en nosotros. En lugar de rechazar, propongo expresarse. En lugar de rechazar, propongo ser honestos y recapacitar si somos capaces de aceptar a la otra persona a pesar de ese «defecto». En lugar de rechazar, propongo decidir si lo que mi pareja rechaza de mí es algo que estoy dispuesto a cambiar. Porque de lo contrario, ni el rechazo funciona ni tampoco el cambio a la fuerza.

Someternos con la esperanza de que si cambiamos algún día nuestra pareja nos aceptará Es sentar las bases para una relación destructiva.

Plantéate las siguientes preguntas y anota las respuestas en una libreta:

- ¿Cuánto tiempo vas a esperar para que esa persona te valore y te quiera tal como eres?
- ¿Cuánto vas a sacrificar para conseguir esa ansiada aceptación?
- ¿Vas a sacrificar tu bienestar?
- ¿Qué más vas a cambiar para que deje de rechazarte?

Sentimientos encontrados

En las relaciones tóxicas es habitual que nos sintamos atrapados y confundidos, como si estuviéramos librando una especie de guerra emocional en nuestro interior. Hay momentos lúcidos en los que reconocemos lo que está pasando, pero somos incapaces de avanzar.

Es como un rompecabezas que nunca termina de resolverse.

Entramos en un círculo vicioso de justificaciones y autoengaños para no dejar la relación. Nos adentramos en una montaña rusa de emociones y pasamos de un extremo al otro: de repente estamos en lo más alto y, al segundo, caemos en lo más bajo. Estas subidas nos generan recompensa y nos atrapan, pero después llega otra bajada que nos debilita un poco más. Nos confundimos al idealizar las subidas, creemos: «Es que sé de lo que es capaz, quiero experimentar esto siempre. Seguro que si aguanto conseguiremos estar así siempre». Nos quedamos a la expectativa, creyendo que estar siempre arriba, en la subida, es sostenible y no lo es.

No te quedes viendo cómo subes, porque la bajada te va a doler. Quédate mejor en el equilibrio, normaliza lo estable.

Cargas con toda la culpa

Que tu pareja te culpe de todos los problemas y te haga creer que se podrían haber evitado si no fuera por ti es una manipulación. Este comportamiento provoca que, inevitablemente, dudes de ti, de tu realidad y de quién eres realmente. No debes cargar con la culpa de cosas que no son responsabilidad tuya, cada uno es responsable de sus actos. En el momento en que la otra persona no se responsabiliza de sus actos o incluso te culpa, hay que replantearse la relación. No se trata de anclarse en la culpa, sino de buscar soluciones mediante la responsabilidad afectiva, algo que veremos más adelante.

Invalidación de tus sentimientos y emociones

Este es un tipo de comportamiento en el que la otra persona nunca acepta o valida lo que sentimos. Por ejemplo, cuando te dicen: «No entiendo por qué lloras, no es para tanto». Si has experimentado una situación que te ha dolido y te ha generado malestar, tienes todo el derecho a expresarlo.

Una invalidación es dolorosa. Nos hace creer que nuestro comportamiento es exagerado, dramático o está fuera de lugar, y nos lleva a pensar que hay algo mal en nuestra forma de ser.

Es válido y necesario adentrarse en una relación con las siguientes afirmaciones: «Me quiero sentir escuchado», «Me quiero sentir querido», «Me quiero sentir validado» o «Me quiero sentir aceptado», «Me quiero sentir respetado», Y no, esto no es pedir mucho, esto es pedir lo mínimo.

Se están traspasando los límites

Los límites son una forma de poner una barrera que proteja la independencia, el bienestar y los puntos vulnerables de cada persona. Cuidarlos y asegurarnos de que son respetados es un trabajo del que nos responsabilizamos por y para nuestra salud mental.

No tenemos por qué entrar en una relación, abrirnos del todo y dejar que valga todo. Si lo hacemos, nos estamos exponiendo a que nos ataquen.

Los límites son necesarios en cualquier relación, pero sobre todo en la de pareja, porque la intimidad lleva a una mayor vulnerabilidad. Es importante reflexionar individualmente para tener claros los límites y saber cuándo una situación nos genera malestar, para decidir así hasta dónde podemos llegar.

Este proceso no es fácil e implica conocerse a uno mismo y perder el miedo al rechazo potenciando la asertividad. Poner límites nos ayuda a proteger nuestra independencia afectiva y a no apegarnos a otras personas de manera enfermiza.

El apego hace que desaparezcan los límites. Practicar el desapego por medio de los límites nos permite crear relaciones en las que, desde el inicio, mantenemos la individualidad.

Más adelante hablaremos en profundidad sobre los límites, porque merecen un capítulo aparte. Pero me parece esencial nombrarlos ya que, en una relación tóxica, suele haber una invalidación casi total de ellos.

Descalificación del punto de vista u opinión

En una relación no se puede estar de acuerdo en todo, y tampoco se trata de eso. Es bonito que cada uno tenga su punto de vista u opinión y respete el del otro. Unas veces coincidirán y otras tantas, no... ¡y no pasa nada! Nadie es poseedor de la verdad absoluta. Así pues, debemos respetar las opiniones del otro igual que esperamos que respete las nuestras. Si nuestra pareja desautoriza siempre nuestros puntos de vista, eso resulta en un importante desgaste emocional y destruye nuestra autoestima, y puede llevarnos a pensar que nuestra opinión no es válida.

Tu pareja siente indiferencia hacia tu vida y lo que haces

Cuando la pareja muestra desinterés por todo lo que hacemos, de un modo indirecto nos está censurando con su desprecio. «No, bueno, es que no me interesa mucho esto que me cuentas, la verdad». Imagina escuchar frases de este tipo continuamente. ¡Terrible! La atención, interés y cuidado son pilares fundamentales en una relación. Estas características son las que tendrían que estar más presentes, no el desinterés.

Como ya hemos comentado, en las parejas lo más normal

es que haya diferentes gustos, aficiones e intereses, somos individuos diferentes que elegimos estar uno al lado del otro para compartir. Preservar lo que es importante para nosotros nos permite mantener nuestra individualidad, mantener lo que nos hace felices. Es perfectamente válido que nuestra pareja no lo comparta, pero mejor mostrar un mínimo interés, nunca una indiferencia total.

Faltas de respeto y creación de conflictos

Existen unas normas mínimas para la convivencia sana entre los miembros de la relación: valorar, considerar y reconocer la dignidad de cada persona como tal, sus derechos innatos como ser humano. Entender que nadie tiene la verdad absoluta, que uno no es mejor que el otro y que tan respetable es lo que dice uno como lo que dice el otro. El respeto es otro pilar fundamental dentro de una relación. Sentir que como personas estamos en una relación de igual a igual crea una base estable que nos permite crecer y desarrollarnos.

Pero ¿el respeto se pide o se exige? Creo honestamente que todas las personas merecemos respeto, por tanto, no tendría que darse una situación que te obligue a exigirlo. Si en una relación nos tratan sin respeto, pedir o exigir lo contrario no va a servir de nada. Si hemos vivido en un entorno en el que nuestros derechos como personas han sido desatendidos de manera sistemática, acabaremos viendo esta falta de consideración hacia nosotros como algo normal y sentiremos que no somos importantes.

Pongamos algunos ejemplos de falta de respeto: meterse con nuestra forma de vestir e intentar que cambiemos nuestro estilo. Recordarnos siempre todos los fallos y errores que cometimos en el pasado o que seguimos cometiendo. Repetir con frecuencia que somos una persona inútil, que no valemos para nada... Cuando nuestra autoestima es pobre, podemos llegar a creer que sí, somos inferiores a los demás y es habitual que otras personas nos digan qué y cómo debemos ser.

Tú no eres inferior a nadie, te mereces todo el amor, respeto y cariño del mundo, aunque te cueste verlo así. Mereces relaciones en las que se te valore, respete y, sobre todo, se te quiera.

Mala comunicación

¿Te ha pasado alguna vez que no consigáis poneros de acuerdo? ¿No llegáis a un pacto o a una conclusión? Cuando no hay buena comunicación, es difícil disfrutar de una conversación calmada mientras se pacta, o hablar abiertamente sin juicios, reproches y recriminaciones: «No me apetece hablar de esto», «Tú siempre quieres hablar y no entiendo por qué, si todo está bien. No es necesario», «No me importa mucho lo que piensas al respecto».

La buena comunicación nos da la oportunidad de conectar más allá de la pasión, la intimidad y la atracción. La comunicación es lo que nos une y permite construir un futuro en común. Si no hay comunicación, si no tenemos «esa conversación incómoda», es difícil llegar a acuerdos y proponer mejoras en la relación.

Nos guste o no, hay un mínimo de conversaciones incómodas que son necesarias para construir una relación.

Cuando nos encontramos en una relación en la que la comunicación es un problema, donde la pareja nunca quiere hablar o es complicado saber lo que piensa y quiere, no existe mucho espacio para la transparencia, la sinceridad y la honestidad. A lo largo de la vida vamos a tener que enfrentarnos a decisiones difíciles, deseos y conflictos por resolver. Si no hay una buena comunicación, no podremos abordar estas situaciones de manera eficiente ni positiva para la relación. Ponerlo todo debajo de la alfombra es una conducta de evitación que funciona a corto plazo, pero, a la larga, toda esa acumulación de problemas por resolver nos acabará explotando en la cara cuando ya poco podamos hacer.

Dar, dar y nunca recibir nada a cambio

En cualquier relación debe haber equilibrio entre lo que se da y lo que se recibe. Si se da mucho más de lo que se recibe, la relación está desequilibrada y uno de los dos está complaciendo hasta el punto de sacrificarse.

Cuando la persona que da apenas recibe, la descompensación la lleva a una búsqueda interminable para suplir esa carencia afectiva y acaba por normalizarlo, dar el 90 % y recibir un 10 %. Llega un momento en el que ese 10 % sabe a gloria, pero la sensación de saciedad dura poco. Iniciamos entonces un incansable viaje hacia una nueva búsqueda de la saciedad. Un viaje donde rogamos, exigimos y pedimos, un viaje con un precio muy alto y un importante desgaste emocional. Es normal que haya épocas en que tengamos una menor capacidad para dar o que demos más de lo que recibimos. No siempre va a ser 50 %. Sin embargo, de nuevo, lo que importa es la estabilidad y la seguridad del vínculo.

Llevar siempre la capa de salvadoras

Muchas mujeres se identifican con el rol de cuidadoras y se sienten atraídas por hombres que están perdidos, rotos o tienen alguna adicción.

Se esfuerzan por aliviarles el dolor curando sus heridas, se desviven por ser las cuidadoras y haciéndose responsables de sus problemas. Les complace entregarlo todo a cambio de prácticamente nada. Las mujeres que han sufrido la ausencia de sus padres o tuvieron que responsabilizarse de tareas en casa a una temprana edad aprenden a anular sus deseos y necesidades y a priorizar los de los demás. No solo creen que esta es la única manera de ser amadas, sino que sienten que el amor que van a recibir nunca será suficiente. Se vuelcan en resolver los problemas de sus parejas y si encuentran a una persona que soluciona sus propios problemas, les parece aburrida y poco atractiva.

Merecemos ser felices, pero nuestra felicidad
no puede depender de cuidar a otra persona.
Nunca seremos felices si la responsabilidad
la tiene alguien ajeno a nosotros.

Quedarnos en la negación

Es otra característica muy común que nos impide disfrutar
plenamente de las relaciones.

Negar que una relación no nos llena es un
mecanismo de protección para no sentir
el dolor de aceptar lo que no funciona.

La mente está programada para protegernos, actúa para
que continuemos con los mismos patrones de comportamiento y así evita que nos enfrentemos a situaciones desconocidas,
a los cambios. La mente es muy comodona y muchas veces no
quiere enfrentarse a la verdad, ya que suele ser dolorosa. La
verdad puede ser aceptar que esa relación no nos sirve, aceptar que, si lo analizamos fríamente, no querremos seguir al
lado de esa persona. Estas conductas son tan inconscientes
que para reconocerlas hay que salir de la zona de confort y
alejarse de lo familiar. Y ya sabemos que eso no le gusta nada
a nuestra mente. Ella seguirá intentando que neguemos la
realidad para que los conflictos desaparezcan, algo bastante

curioso porque el simple hecho de negarlos provoca sufrimiento e infelicidad.

**Lo difícil ya no solo es ser conscientes,
sino trabajar el desapego de esos patrones
que nos encadenan.**

Esperando el cambio

Si esperamos que una persona cambie para que todo sea maravilloso, nos olvidamos de vivir el presente esperando un futuro mejor. Un futuro que nadie nos garantiza que vaya a hacerse realidad. ¿Qué precio estamos pagando hoy al esperar ese posible cambio? ¿Cuánto más vamos a estar esperando? ¿Cuánto más sufrimiento vamos a aguantar?

Es como una máquina tragaperras, siempre crees que la siguiente moneda te va a dar el premio, y te quedas atrapado en un juego en el que siempre se pierde.

HABLEMOS DE LA VIOLENCIA

La violencia se puede ejercer de forma física, emocional y psicológica y puede presentarse en cualquier tipo de relación, convirtiéndola en una relación tóxica. Lenore Walker, la psicóloga que en 1979 propuso la Teoría del ciclo de la violencia, describe las siguientes fases:

Fase 1 – Formación o acumulación de tensión. La persona que maltrata durante días, semanas o meses va aumentando gradualmente su estado de tensión, siente cada vez más estrés, irritabilidad, enfado y agresividad. Culpabiliza a la víctima de su situación y se produce un distanciamiento emocional. La víctima desconoce los motivos de la situación conflictiva y trata de complacer a la persona agresora para evitar mayor tensión. Se vuelve dependiente y pegajosa e intenta solucionar la situación, sin éxito, y acaba pidiendo disculpas.

Fase 2 – Explosión violenta, agresión o maltrato. La persona que maltrata descarga la tensión contra la víctima, de forma física, psicológica o sexual en cuestión de minutos u horas. Hay pérdida de control y agresiones físicas, verbales y/o sexuales, acompañadas de una justificación de lo sucedido. La víctima recibe la agresividad de la pareja bajo un estado de incredulidad y shock. El sentimiento de debilidad e impotencia la lleva a no tomar represalias o incluso justificar la acción. Adopta un rol de indefensión y sumisión.

Fase 3 – Arrepentimiento, reconciliación o luna de miel. La persona que maltrata entra en una fase de calma donde hay un cambio repentino de comportamiento, regalos y promesas de cambio. Usando el arrepentimiento suplica que se le dé una nueva oportunidad.

La víctima perdona a la persona agresora y se siente esperanzada por el supuesto cambio. Se da una reconciliación y se justifica lo sucedido como una pérdida de control momentánea. Certeza de que no volverá a repetirse.

Maltrato, abusos y manipulaciones

Una relación de maltrato es aquella en la que existen conductas que dañan, restan e invalidan a una persona, alejándola de su esencia, haciéndola dudar de su valía y destrozando su autoestima, y, sí, en la gran mayoría de las relaciones tóxicas se dan este tipo de abusos.

El gran problema de las relaciones tóxicas es la dificultad de ver en el inicio las señales que indican que no es una relación saludable.

Cuando, a pesar de los indicios, continuamos en la relación de maltrato, dañamos aún más a nuestra autoestima. Con cada abuso toleramos cada vez más el dolor y tenemos menos fuerzas y recursos para salir de ellos. Estas relaciones se caracterizan por comportamientos de poder y control de uno sobre el otro. En una relación de este tipo, el maltrato físico es fácilmente reconocible, pero el maltrato psicológico es muy difícil de detectar y puede dejarnos una herida emocional muy profunda si no lo vemos a tiempo.

El maltrato psicológico incluye cualquier comportamiento que provoque daños emocionales y afecta a nuestra salud mental e identidad. Se ocasiona, casi siempre, con el objetivo de intimidar, generar sentimientos de culpa y desvalorizar.

No es fácil reconocerlo, pero poco a poco nos va marcando, y en una relación de pareja nos lleva a disfrazar los problemas, nos hace dudar si en realidad no será culpa nuestra o incluso a justificar el maltrato. Puede aparecer de forma puntual, sutil y, cuando queremos darnos cuenta, ya hemos asumido el papel de víctima y estamos cronificando las conductas abusivas y dándole cada vez más poder a nuestro maltratador.

En el momento en el que, después de sufrir una agresión, nos preguntamos «¿Por qué ha hecho esto?» y queremos saber más, empezamos a estar atrapados.

Cuando estamos dispuestos a escuchar cuál es el motivo del maltrato, estamos perdiendo. Estamos otorgando el poder a la persona que nos maltrata, porque a través de las palabras nos volverá a manipular.

En estas situaciones, debemos hacer caso omiso a las palabras, taparnos los oídos y ser meros espectadores de lo que está sucediendo.

Terminamos creyendo que, en cierta medida, merecemos gritos porque todo lo hacemos mal y es la única manera de aprender, por lo que ya somos víctimas. Y entonces aparecen las justificaciones y los autoengaños, y nos olvidamos de que ninguna justificación es válida.

Víctima: ¿Por qué me gritas cada vez que hago algo mal?
Maltratador: Porque, de lo contrario, no aprendes. Es por tu bien.

Las repercusiones de vivir este tipo de violencia en una relación son enormes. Se ha vinculado el maltrato con enfermedades físicas, además del deterioro en la salud mental y en nuestra autoestima. Una relación del maltrato nos aísla, nos corroe, nos atemoriza.

Desgraciadamente, es mucho más común encontrar relaciones disfuncionales con algún tipo de maltrato que sin él. La falta de educación en relaciones saludables y los mitos del amor romántico, entre otras cosas, se han encargado de destruir el concepto del amor sano. Aprendemos a base de ensayo y error, y corremos el riesgo de padecer efectos secundarios graves y difíciles de sanar a nivel psicológico y de autoestima.

¿Qué se considera maltrato?

Consideramos que hay maltrato psicológico si sufrimos insultos, humillaciones, gritos, manipulaciones, reproches, celos, amenazas, intimidaciones o actitudes controladoras como el aislamiento y los celos. Uno de los objetivos principales del maltratador es que dejemos de estar en contacto con nuestros seres queridos para tener más poder sobre nosotros. Cuando cortamos el contacto con el exterior, las probabilidades de que alguien nos salve son menores.

Sufrimos maltrato digital si ejercen control sobre nuestras redes sociales, exigen que enseñes el móvil y las cuentas de correo electrónico o te obligan a cerrar tus redes sociales o controlar las horas de uso de tu teléfono.

Sufres abusos sexuales si hay contactos sexuales no deseados, acto sexual violento, obligación de mantener relaciones sexuales, negativa a usar protección, entre otros.

En los abusos financieros controlan tus compras, roban tu dinero, impiden que utilices cuentas bancarias compartidas y usan fondos compartidos sin tu consentimiento. Dentro de los maltratos físicos puede haber, entre muchos otros, empujones, patadas, golpes, asfixias y tocamientos sin consentimiento.

El maltrato emocional es invisible

El maltrato emocional hunde poco a poco a la víctima, haciéndole creer que todo es culpa suya. Destruye su autoestima y la hace responsable de que la relación no funcione. Con cada golpe emocional, la persona aprende a tolerar más las humillaciones, y eso va dejando una huella difícil de borrar, resta confianza, felicidad, llena de miedo, de inseguridad. Cree que es lo que merece y, cuando trata de salir, se da cuenta de que no puede, no tiene fuerzas para afrontar esa dolorosa situación, por no hablar del miedo a las consecuencias.

Dentro de lo que consideramos maltrato emocional quiero hablar de las diferentes formas de manipulación, porque si no las identificamos a tiempo, pueden ser muy peligrosas.

Chantaje emocional

Consiste en utilizar la culpa y el arrepentimiento para que la otra persona permanezca a nuestro lado. El objetivo del chantaje emocional es conseguir lo que uno quiere, sin tener en cuenta a la otra persona, sus deseos o sus sentimientos. Se suele expresar de manera agresiva para pedir un cambio o ayuda. Y la manipulación es tan sutil que es posible que no nos percatemos. Genera una profunda sensación de culpa y arrepentimiento en la otra persona y es entonces cuando empieza la conducta de control.

Veamos algunos ejemplos.

«Si no me coges la llamada es porque no me quieres». Esta frase puede generar en la víctima la impresión de que tiene que responder siempre a las llamadas para evitar desilusionar a su pareja. Es una forma de control, de asegurarse de que, por miedo, la víctima estará más pendiente la próxima vez.

No responder una llamada no significa no querer.
No querer es obligar a la pareja a que responda la llamada.

«Si me quisieras, lo harías». Podemos amar a nuestra pareja y aun así elegir no hacerlo absolutamente todo por ella. El amor no es omnipotente, como ya hemos visto. Hay muchísimas formas de demostrar el amor sanamente y el hecho de hacer cualquier cosa por la otra persona sin pensar en ti mismo no es lo más saludable.

«Con todo lo que he hecho por ti». Sí, hacer cosas por nuestra pareja es esencial para mantener la relación y es importante que haya un reconocimiento mutuo. Sin embargo, en una relación tóxica este tipo de comentarios se utilizan para forzarnos a hacer cosas que no estamos seguros de querer hacer. No parece que nos estén obligando, ¿verdad? Por eso es una manipulación. Son frases que aparecen en los momentos clave y dan en la diana.

«Si me dejas, me muero». Cuando iniciamos una relación, debemos grabarnos a fuego que somos libres de irnos en cualquier momento. Nadie se muere por amor y no es justo amenazarte con la muerte si decides alejarte. Por supuesto, siempre tenemos que ser responsables y respetuosos.

Chantajear con la amenaza de quitarse la vida si la pareja te deja genera en el otro un intenso sentimiento de culpa y se convierte en una forma de coacción, ya que, de nuevo, de un modo sutil, lo obligas a hacer algo «en contra de su voluntad».

Hacerse la víctima

Estrategia para dar lástima y darle la vuelta a la tortilla. En la manipulación es muy común que la persona que maltrata se deje ver como la víctima, pero no lo olvides:

En el juego de la manipulación, la víctima siempre eres tú.

«Siempre terminas haciéndome sentir mal» o «Yo solo quiero darte lo mejor y mira cómo me lo pagas» son frases muy comunes. Hagas lo que hagas, siempre lo tergiversa todo para que te sientas culpable del «supuesto» daño que estás ocasionando simplemente por ser tú.

Gaslighting o *luz de gas*

Esta es una técnica de manipulación que consiste en hacernos dudar para que creamos que no hacemos nada bien y que nunca tenemos la razón, distorsionando lo que vemos e invalidando nuestra realidad. El objetivo principal es, como en toda manipulación, ejercer el control y lograr que poco a poco dejemos de confiar en nuestro criterio. «Ya estás mintiendo otra vez. Yo no te dije eso. Lo entendiste mal». «No exageres». «No quiero volver a lidiar con este drama». «Aprende a enfrentarte a los problemas». «Deja de enfadarte por todo». Este tipo de comentarios hace que dudemos de nosotros mismos. Nadie debería hacernos dudar de lo que hemos visto, sentido o escuchado. Perder ese contacto con nosotros mismos es lo que nos hace ser vulnerables ante la manipulación. Por eso, es esencial que confiemos en nosotros, en nuestras palabras y en nuestra realidad para que, cuando aparezca este tipo de manipulación, seamos capaces de defendernos en lugar de creer sin más lo que nos dicen.

Si alguien tiene que venir de fuera a decirnos lo que hemos escuchado, visto, o lo que hemos hecho o dejado de hacer... tenemos un problema, porque lo que pasará es que nos convertiremos en la marioneta de la otra persona.

Culpar de forma directa

Esto suele hacerse para que terminemos sintiéndonos culpables por algo que ni siquiera hemos hecho. «Por tu culpa me siento así». «Te das cuenta de que ha sido culpa tuya, ¿verdad?». «Se podría haber evitado si no hubieras dicho nada». Es agotador e injusto recibir constantemente comentarios de este tipo y tener que sentir que todo lo que hacemos está mal. Porque no es cierto. Pero ¿de verdad estás dispuesto a creer que no lo está? ¿Cuándo te darás la oportunidad de no creer que lo que te dicen es cierto?

Y no, no te lo dicen por tu bien, te lo dicen por su bien.

Crítica destructiva

Expresar comentarios que saben que van a hacer daño y emitir un juicio de valor con el objetivo de desvalorizar, ofender e insultar. Al contrario que una crítica constructiva, esta no deja lugar a la mejora.

«Siempre tienes que actuar así y me avergüenzas». «Ojalá cambiaras pronto, nadie te soporta». «Con esa cara, da gracias de que esté contigo»... Estas frases solo sirven para dejar la autoestima del otro por los suelos. Una vez más, palabras que se sienten como disparos y nos dejan como un colador.

Ley de hielo

El objetivo es ignorar, hacer ver que no se escucha o que no se tiene en cuenta lo que la otra persona dice. Es hacer sentir que no se es nada y que de un momento a otro se le puede rechazar o abandonar. Esta forma de maltrato genera un malestar enorme porque no da lugar a que la víctima pueda entender qué sucede. Provoca incertidumbre, sufrimiento y desesperanza, y no solo afecta a los sentimientos y la autoestima de la víctima, sino que desgasta la relación, como cualquier otro modo de manipulación.

El maltrato silencioso también hace daño.

A menudo las personas que maltratan también tienen problemas para gestionar sus emociones y poseen una baja autoestima, que intentan compensar desvalorizando al otro.

Es cierto que en muchos casos la persona que maltrata psicológicamente se ha criado en un ambiente donde la violencia era habitual y es la única manera de relacionarse que conoce. De hecho, algunos incluso han sido víctimas del maltrato durante su infancia. Pero eso no significa que debamos justificarlo y, por ende, permitirlo.

Somos personas y decidimos unirnos a otras para compartir y crecer juntas, no mediante el dolor, sino mediante el amor.

No es tu deber curar a la persona que maltrata o hacerle ver que lo que hace está mal. Sé que es muy tentador, pero creo que, llegados a este punto, podemos entender lo perjudicial que es y el precio tan alto que se paga por querer cumplir con ese rol.

PARA QUE UNA RELACIÓN SEA DAÑINA, ¿SE TIENEN QUE CUMPLIR TODOS ESTOS PUNTOS COMENTADOS?

No. No existe un criterio establecido como tal para diagnosticar una relación tóxica. Se trata de cómo nos sentimos, ya sea un constante estado de ansiedad y preocupación por estar bien o un temor persistente a que la relación se termine. Relación dañina es una relación que hace daño. No necesariamente tiene que haber maltrato, en ocasiones el simple hecho de no sentirnos validados ya nos hace daño.

La relación es un espacio seguro, donde te sientes pleno y puedes ser tú, donde no estás en conflicto contigo y no tienes la necesidad de justificarte o autoengañarte.

El problema de una relación tóxica es que no entendemos que no tenemos que luchar para que funcione. Lo mejor es aceptar que no funciona.

¿Por qué me atraen este tipo de relaciones?

Paradójicamente, en muchos casos no nos atraen las personas con apego seguro que pueden ofrecernos una relación sana. Nos empeñamos en luchar por la atención, la aprobación y el amor de quienes son incapaces de dárnoslo. Creemos que enfrascarnos en esta batalla nos dará algún día la satisfacción de ser finalmente amados, de sentir que tenemos el apoyo y aprobación del otro, porque entonces todo habrá valido la pena.

Nos esforzamos en ser las mejores parejas para ganarnos unos derechos básicos porque no creemos merecerlos.

Para sentirnos fuertes y seguros, actuamos por medio del control. Nos responsabilizamos de las necesidades de los demás y solucionamos sus problemas, ya que suelen ser personas que han tenido infancias difíciles. Adoptamos el rol de salvadores y así evitamos el dolor de aceptar que esa persona no nos ama como queremos. No nos atraen las personas que pueden darnos lo que queremos porque nos parecen aburridas, sentimos que, si no tenemos que arreglar o ayudar a nadie a cambiar, es decir, si el amor no va acompañado de sufrimiento, no nos parece amor. El precio que pagamos por no «aburrirnos» es muy alto, porque nos condenamos a un amor que nunca va a dar sus frutos.

Si venimos de una infancia en la que nuestros cuidadores se portaron de manera hostil, mediante manipulaciones y actitudes dañinas, o no supieron darnos lo que necesitábamos, cada vez nos sentiremos más cómodos con este tipo de personas y conductas. Nuestra zona de confort se aleja de la tranquilidad, la paz y la felicidad, y por eso no nos sentimos extraños cuando tratamos con personas que no nos quieren. La incertidumbre, la confrontación, el dolor, las decepciones... son los sentimientos con los que más nos identificamos. Necesitamos estos ambientes caóticos. Tal como afirma Robin Norwood en su libro *Las mujeres que aman demasiado*, «Aceptamos que el sufrimiento es parte natural del amor y que la voluntad de sufrir por amor es un rasgo positivo en lugar de negativo».

4

La forma más dolorosa de amar: manipulación

Como hemos visto en los capítulos anteriores, hay muchos tipos de relaciones enfermizas, pero el maltrato es la forma más grave de relacionarse con otros. Si queremos disfrutar de relaciones saludables, debemos protegernos con todo lo que esté a nuestro alcance lo máximo posible de este tipo de perfiles manipuladores y relaciones tóxicas. El inicio de la relación es clave, porque es cuando podemos identificar las famosas «banderas rojas» y decidir lo antes posible cortar la relación.

Mi objetivo principal es que además de aprender qué es el amor de verdad, seas capaz de identificar todo lo dañino y abusivo tanto de una persona como de una relación y puedas alejarte antes de que haga estragos en tu autoestima y tu salud mental.

CÓMO SON LAS PERSONAS MANIPULADORAS Y CÓMO TRATAR CON ELLAS

Las personas manipuladoras harán lo que haga falta para conseguir lo que quieren de ti. Todo se hace siempre para y por su beneficio. Es todo un reto tratar con ellas y mi recomendación es que las alejemos de nuestra vida todo lo posible. Sé que es tentador que nos quedemos ahí preguntándonos por qué lo hacen y tratando de hacerles ver que tenemos la razón y no merecemos ese tipo de trato. Pero créeme, eso nunca funciona. Si la persona que maltrata piensa que estamos mintiendo, que lo piense. Si quiere pensar que lo hacemos todo mal, que lo piense. Si quiere pensar que no valemos para nada, que lo piense. Todo eso son maneras de manipularnos y de quitarnos energía. Somos presas de una persona que lo absorbe absolutamente todo. Es muy fácil caer en la trampa porque saben muy bien lo que tienen que hacer, saben exactamente qué queremos ver y escuchar.

No intentes cambiar a una persona manipuladora, no quieras hacerle ver que se equivoca, porque ahí es cuando nos atrapa. Alejarse es la mejor opción.

Es esencial tener claro con quién estamos tratando, ya que siempre tratará de distorsionar lo sucedido y le dará la vuelta para que dudemos de nuestra memoria y hacernos creer que lo que decimos o pensamos no es correcto.

De ahí la importancia de ser objetivos y ver las cosas como son, porque si ignoramos este punto, no seremos capaces de ver que nos están manipulando.

Es importante que conozcamos las técnicas de manipulación para saber si las están utilizando con nosotros. Todo manipulador recurre a determinadas tácticas. En ocasiones, por desconocimiento somos presas fáciles, porque queremos entender el porqué de su actitud, pero si aprendemos a reconocer estas tácticas, enseguida nos daremos cuenta de que nos están manipulando.

Si dudas de si es manipulación, seguramente lo será. Cuando no lo es, lo sabes.

Otro punto que cabe tener en consideración es que no debemos dejarnos influir por las apariencias, ya que las personas manipuladoras suelen mostrarse encantadoras y carismáticas, y tienen buena apariencia, lo que nos lleva a confiar en ellas y a tomarlas por personas inocentes y buenas. Suelen actuar así unas semanas o unos pocos meses antes de empezar a mostrarse como son realmente. Debajo de esa máscara, hay personas frías y desconectadas emocionalmente, es muy difícil que lleguen a entender nuestros sentimientos y emociones, aunque tampoco lo intentan. Su falta de arrepentimiento y remordimiento hará que nunca pidan perdón por cómo nos han hecho sentir o por detalles que nos hieren. Solo lo harán si ven que están a punto de perdernos.

Una característica común en los manipuladores es su necesidad de control y sus ataques en los momentos más vulnerables. ¿Y cómo saben dónde pueden hacer más daño? Durante el inicio de la relación, se encargan de enterarse de absolutamente todo, en especial de nuestros puntos débiles, secretos, momentos de la vida más difíciles... para usarlos después en nuestra contra. Se aprovechan de nuestras inseguridades, vulnerabilidades y confianza.

La persona manipuladora no se responsabiliza de sí misma y adopta el papel de víctima. Termina haciéndonos sentir culpables por todo. La culpa es la emoción que va a estar más presente en estas relaciones, porque ese es el objetivo de la manipulación. E incluso te hará sentir culpable si tratas de cortar la relación, porque recurrirá a estrategias para dar lástima y mostrar su arrepentimiento. Es normal que te sientas así, no dejes que la culpa te impida tomar una decisión racional. No vas a dejar de sentirte culpable por no alejarte, al contrario.

A pesar del sentimiento de culpa, lo mejor es alejarse.

Aunque ya lo he comentado, nunca debes perder de vista quién es la víctima, porque la víctima eres tú. Te sientes confundido, lleno de dudas y recelos y eres incapaz de confiar en nadie, y todo por las mentiras que la persona manipuladora te está contando.

Qué decir ante la manipulación

Sé que estas frases no van a solucionar un problema de manipulación, pero son una herramienta muy útil para hacer frente a estas técnicas y poner en perspectiva lo que en realidad sucede.

Ante el *gaslighting*: «Sé muy bien lo que he visto y lo que he vivido». «Distorsionar lo sucedido no va a cambiarlo».

Ante el chantaje emocional: «No voy a cargar con la culpa y el arrepentimiento». «Estoy cansado de responsabilizarme de tus actos».

Ante el victimismo manipulador: «Aquí la única víctima soy yo, aunque intentes hacerme creer lo contrario».

Ante la culpa directa: «No es culpa mía que te molestes por absolutamente todo lo que hago o dejo de hacer».

Ante la crítica destructiva: «Solo haces estos comentarios para hacerme daño». «No voy a cambiar lo que soy».

Ante la ley de hielo: en este caso se trata de no insistir en que nos haga caso o que vuelva a hablarnos y recordar nuestra valía sin caer en sentimientos de culpa o cuestionamientos destructivos.

QUÉ HACER SI NOS ENCONTRAMOS EN UNA RELACIÓN DE ESTE TIPO

La única salida es romper. Salir de ahí.

Si crees que te están manipulando, comenta todo lo que estás viviendo con una persona de confianza. Te puede ayudar a ver la realidad y evitar distorsionarla.

Es importante saber qué indicios buscar para reconocer la manipulación. Una vez lo hemos visto claro, será más fácil despertar y ver que esa realidad que nos están pintando no es nuestra realidad, ni lo que merecemos vivir. Sé que puedes sentirte resignado o pensar que no puedes hacer nada, pero con el apoyo y la ayuda suficiente, puedes y podrás. No te conformes con vivir como una marioneta.

Sé que, si me estás leyendo y te has identificado con lo que explico, seguirá habiendo una parte de ti que se resiste a aceptar que no puedes hacer nada. Una parte de ti que quiere arreglar a esa persona que está rota y trata de justificar sus comportamientos porque «tuvo una infancia difícil» o cualquier otra excusa. Sé que es mejor ponerse la capa de salvador que aceptar que no hay nada que hacer y que el dolor se apodere de ti. Si sientes que alguna de estas formas de maltrato está presente en tu relación, háblalo con alguien de confianza.

No estás solo. No importa si tu pareja se justifica diciendo que lo hace por tu bien, para protegerte, cuidarte, para que entiendas que esa es la manera de llevar una relación.

Si tu relación se basa en el patrón comportamiento-consecuencia, sal de esa relación.

Nadie nos ha enseñado a distinguir entre comportamientos normales y abusivos. Hay personas que han crecido en ambientes complejos en los que se han normalizado algunos de ellos y en la edad adulta se sienten atraídos por personas que les hacen sentir lo mismo que en la infancia. Si, por ejemplo, uno de nuestros cuidadores a los que amamos y necesitamos no nos correspondía, a menudo nos comprometemos con una persona similar en la edad adulta para continuar con la «lucha» por ser amados.

No somos culpables del maltrato que recibimos y desde luego no lo merecemos. Cada vez que nos han maltratado, se nos ha hecho creer que es porque hemos hecho algo malo o por nuestro bien. Si es por tu bien, ¿por qué tu salud mental se ha deteriorado? ¿Por qué te sientes sin fuerzas y perdido? ¿Por qué no estás siendo tú? ¿Por qué no te sientes en paz y en calma?

No es suficiente con aceptar que la otra persona nos señale con el dedo; tenemos que ir más allá y creer en nosotros. Lo mejor que podemos hacer es despertar y ver que esa realidad que nos están pintando no es nuestra realidad, ni lo que queremos vivir. Sé que quizá te sientes resignado, que crees que no puedes hacer nada, pero con el apoyo y la ayuda suficiente, puedes y podrás.

No te conformes con vivir como una marioneta, convencido de que no hay nada que hacer.

BANDERAS ROJAS DE LA MANIPULACIÓN

A mí me gusta imaginar las banderas rojas como pequeñas listas mentales a las que tenemos que acudir cuando conocemos a alguien, ya que, como hemos visto, el enamoramiento puede cegarnos y hacernos pasar por alto detalles y comportamientos dañinos.

Las banderas rojas que se ignoran (o no se resuelven) al inicio suelen ser motivo de ruptura en el futuro.

Las banderas rojas son señales que sirven principalmente para identificar situaciones y comportamientos tóxicos, maltratos o conductas que no se deben tolerar en una relación. Son esenciales para detectar lo antes posible si se quiere continuar con la relación o no. Si no haces caso y decides continuar, puede ser una fuente de sufrimiento, estrés, ansiedad, frustración, decepción e infelicidad. A veces se trata simplemente de que hay valores o características de la otra persona que no encajan contigo, y en el momento en el que te fuerzas a creer que puedes cambiarlos o prefieres no hacer caso es posible que hayas puesto la semilla para una futura ruptura.

Recurrir a nuestra parte racional cuando nos encontramos las banderas rojas mentales nos evita dolores emocionales.

Las banderas rojas no tienen por qué apuntar siempre a la presencia de maltratos o manipulación, aunque en este caso voy a centrarme en la manipulación. En otro capítulo ahondaré en lo que considero banderas rojas en una relación. Lo dejo a modo de guía, pero mi recomendación es que, basándote en tu propia experiencia o en lo que has leído hasta ahora, pienses en qué comportamientos son para ti banderas rojas.

- Cuando conoces a alguien que te manipula, empiezas a notar cambios en ti, y esa ya es la bandera roja más clara.
- Sientes que estás haciendo cosas que no quieres hacer.
- Comienzas a cuestionarte quién eres y dudas de lo que estás viviendo.
- Crees que todo lo haces mal.
- Tienes la sensación de que estás en deuda con la otra persona.
- Terminas siendo la culpable por situaciones ajenas a ti.
- Escuchas a menudo las frases: «Voy a cambiar» y «Lo siento, no volverá a pasar».
- Experimentas ansiedad y tensión cuando estás junto a esa persona.
- Evitas decir o hacer según qué cosas para evitar sus reacciones explosivas.
- La opción de alejarte de esa persona te atemoriza por las posibles consecuencias.

Por último, me gustaría añadir que no todas las personas que utilizan la manipulación son personas malvadas o tóxicas. A veces se trata de personas heridas que han recibido un amor dañado y no saben cómo demostrarlo. De igual manera, no considero que sea el trabajo de una persona reparar a otra cuando de por medio existen comportamientos dañinos. Puede que hayan tenido una infancia dura, una experiencia traumática, un pasado oscuro... y sí, por supuesto que se merecen conocer el amor, pero si lo que tienen por ofrecernos nos hace daño, no hay justificación que valga.

Si la inversión es mayor que las ganancias, recomiendo no intentarlo.

5

¿Puedo cambiar mi manera de relacionarme afectivamente?

En el primer capítulo hablaba de cómo el amor nos puede llevar a un callejón sin salida. Ahora que ya hemos abordado las principales causas que nos hacen atarnos a relaciones que no nos convienen, ha llegado el momento de ponernos manos a la obra.

CÓMO ESCAPAR DE ESTE CALLEJÓN SIN SALIDA

La mejor opción es dar marcha atrás y analizar lo que nos ha llevado hasta este punto. Tomar otra dirección que nos permita asumir el control de nuestras decisiones y actuar preservando siempre nuestra libertad e independencia.

Veamos cómo podemos desaprender para aprender adentrándonos en el mundo de las emociones, pieza clave en el desarrollo de la independencia afectiva.

Cambiando de patrón de comportamiento

Si nos quedamos en lugares que nos dañan, repetimos las mismas situaciones que nos hieren y continuamos al lado de personas que nos infravaloran, nos será muy difícil crear nuestro propio camino. Nos acostumbramos a este tipo de relaciones porque quizá es lo único que hemos tenido. Porque quizá no sabemos qué es la tranquilidad y la confundimos con aburrimiento. Porque quizá nunca nos hemos sentido en paz y el caos nos resulta más cercano, o por miedo a quedarnos solos.

Cuando nos hemos criado en el seno de una familia desestructurada o caótica, nuestra imagen de lo que es amor puede ser distinta a lo que es un amor sano, y lo concebimos como un sentimiento que viene acompañado de incertidumbre, de dudas, de agresiones, de temor, de ansiedad. Es entonces cuando perdemos la capacidad de discernir cuándo alguien o algo no es bueno para nosotros. Son pocas las personas que han experimentado un apego seguro, una crianza basada en la tranquilidad, la protección, la seguridad, la calma y la paz. Pero entienden que el amor se construye sobre estos pilares, y cuando se encuentren ante alguna relación que les provoque sensaciones adversas, tendrán la suficiente seguridad para alejarse. En cambio, una persona con una crianza insegura, ambivalente y desorganizada no comprende el amor sin esas características negativas, sin experimentar temor y ansiedad, dudas e incertidumbre, dolor y heridas.

Quien siempre ha vivido relaciones tóxicas normaliza un tipo de amor que se aleja de lo que verdaderamente merece.

¿PUEDO CAMBIAR MI ESTILO DE APEGO?

Se puede cambiar el estilo de apego, por supuesto, pero quizá no al cien por cien.

Quiero que entiendas que estas conductas han estado presentes en tu vida durante mucho tiempo y, aunque vayas estableciendo apegos seguros, no significa que no puedan reaparecer comportamientos de tu antiguo estilo de apego. No quiero que te sientas culpable por creer que «no estás cambiando» o «no estás haciendo lo suficiente». Piensa que hay una parte de ti que no va a cambiar y quizá lo más realista es que aprendas a convivir con ella y aceptes que estará siempre ahí. Veamos este tema de manera breve punto por punto.

Cuál es tu estilo de apego actual

Te remito para este tema al capítulo 2, donde hablo de los estilos de apego. Puede que te identifiques con uno, o con varios. Si es con varios, el estilo de apego será aquel que se presente en más ocasiones. También es posible que hayas desarrollado un apego seguro durante tu infancia, pero tras una relación tóxica hayas desarrollado un apego ansioso-ambivalente. Ahora es momento de identificar qué es lo que mantiene tu estilo de apego actual.

Es esencial hacer un trabajo de autoconocimiento y ser consciente de qué conductas y comportamientos condicionan tu tipo de vinculación emocional

Las llamaremos «situaciones de alerta». Si me identifico con un estilo de apego más bien evitativo, las conductas que pueden estar manteniéndolo son no saber expresar lo que siento, evitar «conflictos» o situaciones incómodas, mostrarme muy independiente o evitar los momentos de intimidad o de compromiso.

Cómo te gustaría actuar

Si quiero cambiar a un estilo de apego seguro me gustaría:
– Poder expresar lo que siento.
– Aceptar cuando haya una situación incómoda.
– Mostrarme vulnerable y pedir ayuda si es lo que necesito.
– A pesar de tener dificultades para la intimidad y el compromiso, ser capaz de hablarlo y afrontarlo.

El autocontrol y la atención plena serán tus aliados

Debes ser consciente de las situaciones de alerta para así promover un cambio y anticiparte. ¿Y el autocontrol por qué? Bien, piensa que a nuestra mente no le gustan los cambios, prefiere seguir con lo que conoce y ceñirse a los mismos patrones de comportamiento.

Cuando aparezcan las situaciones de alerta, será el momento de controlar esa conducta tan automatizada e incorporar la nueva.

Necesitas paciencia y fuerza de voluntad

¿Qué puedo decir? La práctica y el tiempo son los que determinarán el éxito del cambio. No va a ser fácil, pero es necesario para tu bienestar emocional y psicológico.

Recuerda: has estado toda la vida actuando de una manera determinada. Estamos hablando quizá de veinte años como mínimo (o sea, la edad que tengas en caso de que siempre hayas mantenido el mismo estilo de apego). No es un cambio que pueda llegar de la noche a la mañana.

Toma distancia de tu experiencia emocional

El miedo, la ansiedad y la ira suelen ser las emociones más presentes en los distintos estilos de apego inseguros (aunque cada persona tenga experiencias diferentes). Eso significa que tu experiencia emocional será muy intensa durante el cambio y tendrás que actuar de manera racional a pesar de que tus emociones te digan lo contrario. No, no digo con esto que no tengas que hacer caso a lo que sientes. Se trata de que, durante mucho tiempo, las emociones han condicionado tus conductas de forma desadaptativa y ahora lo que se busca es que actúes de modo diferente para que tus emociones se puedan ir habituando. No te preocupes si no entiendes bien esta parte, más adelante hablaré en mayor profundidad sobre las emociones.

Rodéate de entornos SEGUROS

Es la última recomendación, pero no la menos importante. Rodéate de personas con las que de verdad puedas establecer el apego seguro que buscas. ¿Por qué es importante? Durante este proceso es indispensable que puedas moverte con seguridad, en confianza. Cambiar tu estilo de apego en un ambiente inseguro no es lo ideal, porque la alarma saltará constantemente ante personas y situaciones y, en lugar de ayudarte a hacer los cambios necesarios, te alejarán de tu objetivo.

AMAR DESDE LA RAZÓN

A lo largo de este libro te he ido explicando que, contrariamente a lo que podamos pensar, en el terreno de las relaciones hay muchos motivos para darle más importancia a la parte racional que a la emocional. Escuchar a nuestra parte racional nos ayudará a tomar decisiones más sabias basándonos en lo que queremos, lo que buscamos si encaja con nuestros principios y valores, y, sobre todo, en cómo nos sentimos.

El enamoramiento puede enmascarar emociones que nos advierten de que algo no va bien y hacernos pensar que es algo normal en esta etapa. Como cuando sentimos mariposas en el estómago que, paradójicamente, es el mismo sistema que se activa cuando algo nos da miedo y queremos huir. Nuestro sistema digestivo está enviando señales constantemente a nuestro cerebro y en esta ocasión nos puede estar alertando de que algo no encaja.

Puede que te estés preguntando: «Celia, si realmente no tengo que hacerle tanto caso a la parte emocional, ¿qué hago? ¿Cómo sé si realmente me estoy enamorando de una persona o si quiero estar con ella?». Con un buen uso de la razón pasamos a un amor mucho más maduro, más puro y responsable, escogemos desde el raciocinio y no desde la emoción. Cierto es que si no sentimos atracción física y personal es difícil que queramos estar con alguien. Pero ser exigentes con lo que realmente queremos compartir con la persona que tenemos al lado nos puede ahorrar mucho sufrimiento, apegos y dolor innecesarios.

**La parte racional y emocional
tienen que ir de la mano.**

Desde la razón, puedes ser consciente de todo lo que sientes y preguntarte: ¿es esta la persona con la que de verdad quiero estar? ¿Es esto lo que estoy buscando ahora mismo? ¿Estoy preparado para comenzar una relación? ¿Tengo claro qué es lo que esa persona quiere y me puede ofrecer? ¿Es esto lo que realmente necesito? ¿Puede cubrir esta persona mis necesidades y mis deseos? ¿Tenemos los mismos objetivos personales? ¿Siento que puede encajar en mis principios, creencias y valores? ¿Cómo trata a la gente? ¿Cómo trata a su familia?

Tal vez estés pensando que es demasiado rebuscado, que no hay necesidad de pensar tanto y que no tendría que haber una guía de requisitos. Lo cierto es que dejarnos llevar por las emociones puede ser un gran error si no valoramos de manera consciente los puntos más importantes. Las emociones pueden hacer que vivamos las relaciones como en una montaña rusa y darnos señales erróneas sobre lo que de verdad está sucediendo. No tenemos por qué conformarnos con sentir algo emocional y descubrir después que no se ajusta a lo que racionalmente queremos. Por eso es tan importante decidir bien qué queremos en una relación partiendo de un buen autoconocimiento y estabilidad emocional.

El amor no es solo una respuesta fisiológica y emocional. El amor se tiene que trabajar y eso se hace desde el cerebro, desde la conciencia y el conocimiento de nosotros mismos y el conocimiento de lo que la otra persona quiere. Se trabaja desde el respeto, la comunicación y la honestidad. Desde el compromiso, la intimidad y la pasión.

Hay muchísimos factores que intervienen en una relación y los iremos viendo a lo largo de este libro. Pero empezaremos por hablar de esta parte racional. ¿Alguna vez te habías planteado la importancia de la razón a la hora de mantener una relación?

Las emociones nos pueden decir que nos quedemos, pero la razón nos dice que nos vayamos. Es entonces cuando se entiende que el amor no es solo emoción. Hay que saber cuándo dejar ir, aunque las emociones lo impidan. Aunque todo sea muy bonito en ese momento, no se debe olvidar que el amor se construye desde la razón. Siempre teniendo presente lo que se quiere y se busca en una relación. Con esto no quiero decir que la vida emocional no deba existir en una relación. En absoluto. Se trata de llegar a un equilibrio entre tu lado emocional y tu lado racional. Ahora vamos a entenderlo mejor.

¿A QUÉ EMOCIONES DEBO HACER CASO CUANDO QUIERO A ALGUIEN?

Hazle caso a la tranquilidad, a la calma, a tu intuición, al interés, al deseo sexual, al disfrute, a la compasión, a la seguridad, a la alegría, a la paz, a la intimidad, a la pasión, al afecto...

No estoy diciendo que estas emociones vayan a estar siempre ahí, ya sabemos que no todo va a ser de color rosa. Pero es esencial entender que son estas emociones y sentimientos los que nos indicarán que nuestro bienestar emocional está conforme con la relación.

A eso se le llama «amor inteligente». La decisión que tomamos escuchando nuestro lado emocional y nuestro lado racional.

LO QUE DEBES SABER SOBRE LAS EMOCIONES

Para que se entienda mejor lo que acabo de explicar, voy a darte algunos apuntes esenciales sobre la gestión emocional. Las emociones parecen gobernar nuestra vida cotidiana. Tomamos decisiones en función de si estamos contentos, enojados, tristes, aburridos o frustrados. Las emociones son reacciones psicofisiológicas que genera nuestro cuerpo ante un acontecimiento, una persona, un lugar o un recuerdo importante. Son una forma de adaptarnos a ciertos estímulos, que a su vez dependen de percepciones, actitudes, creencias sobre el mundo, y que usamos para percibir y valorar cada situación concreta. Así pues, dependiendo de nuestras experiencias, reaccionaremos de una manera u otra ante situaciones similares. La respuesta emocional consiste en una serie de estímulos rápidos e impulsivos que valoran lo que está ocurriendo y nos indican el significado que tiene para nosotros. Se le conocen tres funciones importantes:

La *adaptativa* prepara el organismo para la acción y es una de las más importantes. Gracias a esta capacidad podemos actuar eficazmente.

La *social* expresa nuestro estado de ánimo y facilita la interacción social. Además de la expresión oral, cobra mucha importancia la comunicación no verbal, que se manifiesta, en muchas ocasiones, inconscientemente.

Y la *motivacional*. Cualquier conducta motivada produce una reacción emocional, del mismo modo que una emoción impulsa la motivación hacia algo. Existe una relación entre motivación y emoción, ya que ambas se retroalimentan. Por ejemplo, si nos sentimos alegres cuando quedamos con otra persona, estaremos más motivados para volver a quedar con ella.

La calidad de la emoción que experimentamos a diario determinará la calidad de nuestra vida y, sobre todo, nuestra felicidad.

El principal problema es no entender lo que sentimos. Debemos empezar a ser conscientes de las emociones que aparecen en nuestra vida para así saber cómo nos sentimos y poder tomar el control; nuestras emociones son una de las herramientas más poderosas que tenemos a nuestro alcance. Las emociones traen mensajes no siempre evidentes que tendemos a ignorar y que nos alertan sobre la situación actual. No hay emociones ni buenas ni malas, son simples reacciones psicofisiológicas. Su naturaleza es impredecible, no siempre vas a tener control sobre ellas, por eso no debes luchar contra ellas.

Lo que provoca sufrimiento es cómo interpretamos las emociones, no las emociones en sí mismas.

Las emociones no están ahí para hacernos la vida más difícil, sino para decirnos algo. Su propósito suele ser el de hacernos aprender y crecer. Cuando la emoción no se gestiona bien, aparece el dolor y nos convertimos en prisioneros de nuestra vida emocional, no siempre para bien. Cuando seamos capaces de entenderlas, se convertirán en nuestras aliadas y serán una poderosa guía.

Cómo saber si una emoción es adaptativa o desadaptativa

Dentro de las emociones podemos diferenciar emociones adaptativas y emociones desadaptativas.

Las primeras son respuestas que genera nuestro cuerpo ante determinadas situaciones para cubrir una necesidad o como mecanismos de defensa (el enfado porque han superado los límites o los de otra persona; el miedo por la existencia de una amenaza; la tristeza ante la pérdida de alguien o algo...), y por tanto hay que escucharlas e intentar en la medida de lo posible satisfacerlas. Estas emociones adaptativas nos dan información útil para gestionarlas y saber qué necesitamos.

- Enfado para establecer y proteger límites.
- Tristeza para llorar o refugiarte.
- Miedo para huir o atacar.
- Sorpresa para indagar en lo acontecido.
- Asco para expulsar.
- Alegría para disfrutar de lo ocurrido.

Las emociones desadaptativas son respuestas que, en lugar de ayudarnos a afrontar situaciones de la vida, generan el efecto contrario. Nos paralizan, nos bloquean, nos generan un malestar que no sabemos cómo controlar. Interfieren en nuestro crecimiento y desarrollo personal porque en lugar de guiarnos, nos confunden.

Una misma emoción puede cumplir en determinadas situaciones su función adaptativa y en otra, la función desadaptativa. Veamos un ejemplo.

Cuando nos encontramos solos y sin recursos en un bosque, el miedo nos ayuda a estar en alerta y proteger nuestra vida. El sistema nervioso se activa para asegurar la supervivencia. En ese momento es una emoción que nos permite adaptarnos a la situación. En cambio, el miedo constante a que nuestra pareja nos deje no parece muy adaptativo, ¿verdad? Ese miedo desadaptativo interfiere en nuestro bienestar emocional y nos empuja a conductas que no solo lo refuerzan, sino que no nos ayudan a disfrutar de la vida y, por ende, empeoran tanto la relación con nosotros mismos como con nuestra pareja.

Cuando las emociones desadaptativas se repiten en nuestro día a día, hacen que cualquier experiencia emocional se convierta en algo desagradable y, sin darnos cuenta, debido a una falta de conocimiento y de gestión, reforzamos su aparición. Acaban dando pie a patrones estables ligados de forma indeleble a nuestro estado de ánimo que nos impiden escapar de esa rueda emocional tan incómoda.

Cuando no somos capaces de entender las emociones y no podemos gestionarlas, terminan dirigiendo nuestra vida.

No hay nada de malo en sentirnos tristes, en sentir miedo, en sentir incertidumbre, en mostrarnos inseguros. Olvida lo de las emociones negativas y positivas, porque lo único que hay son emociones que tratan de enviarnos mensajes. Hemos asociado las emociones «desagradables» a algo negativo. Sé que es incómodo sentir tristeza, ira o enfado, por ejemplo, pero son totalmente necesarias, al igual que la alegría, la sorpresa y la tranquilidad. Es imposible sentir siempre emociones agradables.

Las emociones son como el clima, su aparición es impredecible. Un día llueve y al siguiente hace sol. Otro día hace viento y al siguiente está nublado. A muchos nos encantaría que siempre estuviera soleado y disfrutar de un clima agradable, pero eso es imposible. Con las emociones pasa lo mismo. Sería maravilloso disfrutar de épocas llenas de buenas emociones, pero eso no suele estar bajo nuestro control. Nuestro cuerpo percibe cambios que son invisibles para nosotros, se rige por procesos inconscientes que provocan una determinada reacción, y a veces no hay un porqué. Ahora bien, una vez han aparecido, tenemos el poder de gestionarlas de forma adecuada, al igual que un día lluvioso.

Es incómodo tener que ir a trabajar un día de lluvia, porque nos mojamos la ropa, no podemos olvidarnos del paraguas, todo está empapado, hay más tráfico... Podemos elegir odiar ese tipo de días. Si lo hacemos, generamos un efecto de rechazo hacia los días de lluvia, y eso lleva a una reacción más intensa y desagradable, ya no solo cuando llueve, sino por el simple hecho de pensar en un día lluvioso, que desatará en nosotros una respuesta emocional desadaptativa. Lo mismo sucede con nuestras emociones. Si cuando nos sentimos tristes iniciamos una búsqueda insaciable y rechazamos esa emoción porque consideramos que no hay razón para estar tristes, nos estamos diciendo indirectamente que hay algo malo en sentirse triste. Es un rechazo hacia nuestra experiencia emocional que a la larga nos lleva o bien a ser muy intensos emocionalmente o a todo lo contrario, a mostrar indiferencia debido a una pobre gestión de la emoción.

**Cuando no entendemos, rechazamos o reprimimos
las emociones, aparecen las experiencias desagradables.**

Quédate mejor con si las emociones que presentas cumplen una función adaptativa o desadaptativa.

Cuando sufrimos de baja autoestima, vivimos emociones desadaptativas con más frecuencia que una persona con una buena autoestima. La sensación constante de vacío, el miedo recurrente a recibir una crítica, el sentimiento de soledad a pesar de estar rodeado de personas, la percepción de que no se vale nada... Estos sentimientos están relacionados con una imagen muy básica de nosotros mismos. Este punto sobre las emociones me parece muy interesante, porque no hay una buena autoestima sin una buena gestión emocional.

**Si no llegamos a comprender nuestras emociones,
seguirán afectando negativamente al concepto
que tenemos de nosotros mismos.**

Las siguientes preguntas te ayudarán a identificar si tus emociones están siendo adaptativas o desadaptativas.

- «¿Vivo de manera muy frecuente esta emoción?».
- «¿Es una emoción que me ayuda a afrontar satisfactoriamente la situación actual?».
- «¿Lo que siento es una respuesta a otras experiencias pasadas o a lo que está ocurriendo en este momento?».

Las emociones no son tus enemigas. No siempre tiene que haber una razón para que aparezcan. No quieren arruinarte el día. Vivimos tan pendientes de nuestras emociones que pensamos que tienen la verdad absoluta.

**No eres tus emociones, ni tampoco
tus pensamientos.**

CÓMO GESTIONAR LAS EMOCIONES

No te identifiques con las emociones

El primer error que cometemos es identificarnos demasiado con nuestras emociones. Asociamos una emoción a algo real y, en lugar de acudir a nuestra parte racional, le damos la razón a la experiencia emocional.

«Si tengo miedo de que mi pareja me deje, es que efectivamente me va a dejar». Sin darnos cuenta, nos alimentamos con pensamientos motivados por esa emoción y no por pensamientos racionales alternativos. Solemos dar más poder a las emociones desadaptativas porque creemos que son ciertas, mientras que lo ideal sería que, al sentir miedo desadaptativo y activar nuestro cuerpo para luchar contra algo que no existe, busquemos una interpretación alternativa que evite que el miedo cobre más fuerza.

Cambiarlo por: «Tengo miedo de que mi pareja me deje, pero sé que, si eso sucede, podré gestionarlo correctamente a pesar de lo doloroso que pueda ser».

Si nos damos cuenta, en función de la interpretación que damos a cada experiencia emocional, nuestra conducta puede ser muy diferente. Cuando actuamos como en el primer ejemplo, iniciaremos una serie de comportamientos de comprobación para asegurarnos de que nada de eso está sucediendo, lo cual afectará a nuestro estado de ánimo, nos desgastará emocionalmente y tendrá consecuencias en nuestra relación. Además de reforzar la aparición de ese miedo.

En cambio, cuando acudimos a la razón para hacer una interpretación alternativa más realista, como en el segundo ejemplo, ayudamos a que nuestro cuerpo no se active, a que no sea necesaria una conducta de comprobación o, al menos, que sea más fácil controlarla. Le estaremos diciendo a nuestro cuerpo que muchas gracias por avisarnos de que eso puede suceder, pero que no hay nada de que preocuparse. Nuestro estado de ánimo no se verá tan afectado, emocionalmente haremos una mejor gestión y nuestra relación no se resentirá. Y lo más importante, estaremos dominando ese miedo, lo que significa que su intensidad será cada vez menor. Si analizamos el miedo al fin de la relación de modo racional, puede entenderse como una reacción de nuestro cuerpo para advertirnos que hay que cuidarla, trabajarla y atenderla. Es un signo de alerta que nos permite adaptarnos y esforzarnos por conservarla porque eso es lo que realmente queremos.

Trabaja la inteligencia emocional...

La inteligencia emocional es la habilidad para identificar lo que sentimos y reconocer que no solo nos afecta a nosotros, sino también a los que nos rodean. Nos permite reconocer el estado en el que nos encontramos y guiar acciones y pensamientos con mayor claridad. Porque al llegar a cierto punto, tendremos el control sobre nuestras emociones y ellas sobre nosotros. Las emociones no nos definen, aunque a menudo caigamos en el error de identificarnos tanto con ellas que creemos que somos lo que sentimos. Debes saber que las emociones son innatas, incontrolables y temporales, lo que significa que no podamos luchar contra ellas. Sé que puede parecer difícil, pero es esencial tomar distancia, identificar cuáles se presentan y cómo, para después trabajarlas como consideremos más adecuado.

El primer paso, y el más difícil, es aceptar nuestra experiencia emocional. Sin juzgarla, sin querer obsesionarnos con el porqué (está bien reconocer el origen de cada emoción, pero en ocasiones no es necesario ir más allá, porque no obtendremos respuestas). Tomar distancia de cómo nos sentimos evitando identificarnos demasiado y pensar con la cabeza. Rechazar, reprimir, negar y esconder lo que sentimos puede ser una estrategia que nos proporcione alivio a corto plazo, pero a la larga solo trae complicaciones. Para el proceso de aceptación, la liberación puede ser útil. Así que te propongo hacer una lista de todas las emociones de las que te gustaría deshacerte a través de las siguientes preguntas:

- «¿Podría liberar esta emoción?».
- «¿Podría permitir que esta emoción se quede?».
- «¿Podría darle la bienvenida a esta emoción?».

Liberar significa expresar cómo nos sentimos. Sentir nuestras emociones de manera consciente y sin obsesionarnos, aceptarlas y explorarlas con detenimiento para descubrir su causa y permitir que se queden a pesar de lo incómodas o desagradables que puedan ser. En definitiva, darles la bienvenida.

Las emociones son tus amigas, pero hasta que no las reconozcas serán tus enemigas. No puedes luchar contra ellas porque es una batalla perdida.

... mediante un registro emocional

«¿Por qué me siento así?».
«¿Qué trata de enseñarme esta emoción?».
«¿Cuál puede ser el mensaje oculto?».

«¿Es adaptativa o desadaptativa?».

«¿Cómo estoy gestionando esta emoción?».

«¿Cuál es la mejor manera de gestionar mis emociones en este momento?».

«¿Estoy repitiendo algún patrón?».

«¿Qué puede provocar la recurrencia de una experiencia emocional desagradable?».

Recuerda, las emociones forman parte de tu vida y van a seguir ahí, tanto las adaptativas como las desadaptativas, las agradables como las desagradables. Ahora bien, cuando seas capaz de tratarlas como amigas, cuando las aceptes y dejes de juzgarlas, descubrirás que las desadaptativas y desagradables disminuyen su intensidad. Cuanto más te resistas a sentirlas, más aparecerán. Cuando las gestiones, tendrán menor necesidad de aparecer. Cuando no entiendes su mensaje, están siempre ahí para hacerte ver lo que no quieres ver. Acéptalas y observa cómo tu vida emocional se va ordenando.

MADUREZ EMOCIONAL

> Madurez es lo que alcanzo cuando ya no tengo necesidad de juzgar ni culpar a nada ni a nadie de lo que me sucede.
>
> ANTHONY DE MELLO

Cuando estamos haciendo una buena gestión emocional, podemos decir que hemos llegado a la madurez emocional.

Por supuesto, como debes imaginar, requiere trabajo interno, deconstruir creencias, enfrentarnos al ego y al orgullo, y responsabilizarnos de nosotros mismos. Una persona madura puede actuar de manera inmadura en alguna ocasión, y no pasa nada, eso no hace que dejemos de ser maduros. A continuación, te presento una serie de señales que indican que actuamos con madurez para que las utilices a modo de guía y veas los puntos que cabe mejorar y trabajar.

Responsabilidad: Tener la capacidad de responsabilizarte de tus propios actos, entendiendo que cualquier acción tendrá una consecuencia.

Autocontrol: Habilidad para reconocer tus emociones y regular tu forma de actuar. Te ayuda a afrontar cada momento de la vida con mayor serenidad y eficacia, aportando más beneficios.

Autodisciplina: Desarrollar una fuerza de voluntad que te permite tener mayor claridad ante lo que quieres en tu vida y te ayuda a ser más feliz.

Habilidades sociales: Comunicarte con otras personas por medio de la asertividad. A pesar de que no siempre vas a estar de acuerdo con las opiniones de los demás, es posible aceptarlas y decir lo que piensas sin necesidad de faltarle el respeto a nadie.

Resiliencia: Tienes la capacidad de hacer frente a las adversidades de la vida, utilizar esas situaciones para crecer y desarrollar al máximo tu potencial.

Autocuidado: Conocer tus límites, necesidades y deseos, conservar tu autonomía e independencia, alzar la voz por ti y reconocer tus logros y virtudes.

Empatía: Capacidad de comprender, aceptar y validar emocionalmente a los demás. No es solamente aceptar las emociones, sino que esta aceptación se debe comunicar a la otra persona.

Trabajar el desapego: Saber cuándo se está generando un apego enfermizo y alejarse por el bien propio y para conservar la independencia afectiva.

Aceptación no significa resignarse: Se trata de aceptar, te guste o no, la situación actual.

Escribe qué has aprendido en este capítulo sobre las emociones.

6

Todo sobre la ruptura

Constantemente veo personas que siguen con su pareja «por estar», es decir, por no salir de la zona de confort, por miedo a la soledad, por no querer arriesgar, por comodidad... Mi objetivo es fomentar relaciones de calidad y bienestar, donde la persona no se quede por evitar un miedo, sino por la felicidad que le aportan. Relaciones en las que se sienta bien y tenga un espacio para crecer, desarrollarse y ser feliz.

En este capítulo veremos cuándo es el momento de romper y qué situaciones nos indican que se debe tomar una decisión. Que cumplas con uno de los apartados (excepto el del maltrato) no significa que debas cortar la relación inmediatamente. Puede que, gracias a estos puntos, te des cuenta de que hay algo que se puede trabajar y que tiene solución, sin olvidarnos, por supuesto, de la ayuda que la terapia de pareja puede brindar a la relación.

**No siempre tenemos que esperar a un motivo
grave para dejar la relación.**

CUÁNDO ES EL MOMENTO DE ROMPER

Cuando existe algún tipo de abuso o maltrato

Como hemos visto en el apartado correspondiente, cuando aparece algún acto o actitud violento en nuestra pareja, es momento de huir de esa relación. No debemos seguir en una relación en la que se nos trata mal, se nos impide ser nosotros o se nos hace sufrir de manera continuada.

Cuando no te sientes querido en la relación

Un buen motivo para dejar una relación es cuando no nos sentimos queridos y no se satisfacen nuestras necesidades. Puede que la persona con la que estamos nos ame, pero no como a nosotros nos gustaría. ¿Hasta cuándo vamos a seguir esperando que esa persona nos ame como merecemos? En capítulos anteriores, hemos visto que cada persona tiene un modo de amar diferente, y su visión del amor está determinada por sus experiencias, creencias...

Hay diferentes maneras de amar, y muchas son saludables, respetables y válidas, pero eso no significa que sea lo que queremos o que nos llene.

Este tipo de situación es más común de lo que pensamos y sí, claro que puede tener solución. Con comunicación, trabajo, paciencia y autoconocimiento, podemos entender el lenguaje del amor recíprocamente. Sin embargo, en ocasiones no es posible que este sea correspondido como necesitamos. Es fácil caer en autoengaños. «Es que mi pareja me ama, pero a su manera». Ya, pero es que la cosa no es que te quiera a su manera, que está bien, sino ¿cómo te hace sentir su manera de amar? ¿Te sientes completo, satisfecho?

¿Es su manera de amar la forma en la que quieres ser amado?

Cuando no te sientes libre

Otro momento para tomar la decisión de romper es cuando no nos sentimos libres en la relación. Nos damos cuenta de que no se está teniendo en cuenta nuestra independencia o bien que nuestros apegos hacia la pareja nos impiden vincularnos de manera libre.

La libertad, autonomía e independencia son claves para una buena relación afectiva. Como ya he comentado, debemos entender que somos personas completas y que una relación no significa que tengamos que renunciar a lo que somos. Todo puede coexistir. No hay que centrarse en una cosa y sacrificar todo el resto.

**Tu pareja forma parte de tu vida, igual
que otras personas, pero debe haber espacio
para los dos en la relación.**

Cuando no aceptas a tu pareja tal como es o viceversa

Pregúntate seriamente: ¿acepto a mi pareja tal como es? Si volviera a conocerla, ¿empezaría una relación con ella? Somos personas imperfectas que elegimos comprometernos en lo que se llama «relación amorosa». Aceptar a alguien significa aceptar también sus defectos, sus debilidades, sus malas costumbres, entendiendo que forman parte de su carácter y que no podemos cambiarlo a nuestro gusto. Cuando no aceptamos a la pareja por lo que es, no la queremos a ella. Queremos a la persona que podría ser. Esto nos hace permanecer atados a unas expectativas que quizá nunca lleguen a cumplirse y que son las que hacen que la relación continúe, pero con un alto grado de insatisfacción. ¿Hasta cuándo vamos a esperar?

Y si cambia y se convierte en la persona que quieres, ¿quién te asegura que te gustará esa nueva versión?

**Nos olvidamos de que, si queremos que nuestra
pareja cambie, dejará de ser quien es ahora y no
será la persona de la que nos enamoramos.**

Si una persona acepta cambiar, debe ser por voluntad propia y no por exigencia de otro.

En una relación no todo es idílico y, por descontado, habrá diferencias, sacrificios y decisiones en los que, en más de una ocasión, se tendrá que dar el brazo a torcer. Hay cambios que son necesarios por el bien de la relación (que no es lo mismo que por el bien de una persona), propuestas de mejora en las que ambos están de acuerdo para conseguir un mayor bienestar, siempre bajo la plena aceptación y la tranquilidad. Es decir, teniendo claro que puede que ese cambio no llegue nunca y que aun así se seguiría aceptando a la persona.

Cuando no hay objetivos personales en común

Tener objetivos personales afines es clave para que la relación pueda seguir avanzando y construyendo. Pueden ser objetivos como la decisión de ser padres, el tipo de vida que se busca en un futuro o incluso los temas financieros.

Cuando no compartimos ni intereses ni valores ni objetivos, construir un futuro juntos puede ser algo complicado con dos posibles soluciones: o que una persona se amolde a la otra o, bien, que se tomen caminos separados.

«Los polos opuestos se atraen». Seguro que has oído muchas veces esta frase, que en realidad no hace más que normalizar un desacierto. Y es que es más importante tener cosas en común que diferencias. Tener objetivos personales distintos u opuestos puede ser motivo suficiente para no elegir a una persona como pareja.

Cuando no hay una buena comunicación

Si no hay comunicación, la relación está perdida. Comunicarse es la opción perfecta para solucionar problemas, resolver conflictos y llegar a acuerdos. No digo que la única manera de demostrar el amor sea a través de palabras, en absoluto, pero la comunicación nos ayuda a entender cuáles son los intereses, gustos y objetivos de la otra persona, exponer los nuestros y llegar a acuerdos que faciliten una convivencia armoniosa y feliz para todos.

**Cuando la comunicación es pobre,
la relación se convierte en un baúl de
palabras nunca dichas.**

Por supuesto, la comunicación nos ayuda a superar problemas, malentendidos y llegar a un profundo y maravilloso nivel de confianza.

Cuando estás pensando en cortar la relación

Si sientes que la ruptura es algo muy real y te lo planteas con frecuencia, seguramente es porque tiene que ser así.

Cuando de verdad estamos bien con alguien y amamos a esa persona, es difícil que nos planteemos la ruptura. Solo con pensarlo, se nos revuelve el estómago. No lo contemplamos y no es una opción. Y no porque se trate de un mecanismo de negación, sino porque tenemos la certeza racional y emocional. Si tenemos una relación saludable y nos sentimos en paz y en calma, no se nos pasa por la cabeza.

Es normal que en toda relación aparezca en algún momento el fantasma de una ruptura. Pero cuando este pensamiento aparece de manera constante, es porque algo nos quiere decir, ya sea que no estamos bien o que la relación no es la que queremos.

No consideramos la ruptura como opción, a no ser que haya algún motivo concreto o bien la relación se empiece a deteriorar.

Cuando las discusiones separan en lugar de unir

El debate es algo normal en las relaciones. Tiene que haberlo. Eso no significa que haya algo mal. Simplemente, es necesario para gestionar conflictos y llegar a acuerdos.

Sin embargo, se trata de una herramienta que debe unir, no separar. Cuando nos encontramos discutiendo constantemente por los mismos temas es porque tenemos un problema no resuelto que nos irá distanciando y hará que la relación se deteriore. Como veremos más adelante, la capacidad de comunicarse es un pilar fundamental y, si no logramos construirla, será difícil mantener el equilibrio en la relación.

Cuando el sufrimiento es constante

Si la relación nos hace sufrir, es decir, cuando la relación nos genera un desgaste emocional o físico, no es saludable. Nos resta en lugar de sumar. Nos quita en lugar de aportar.

Si sufrimos por amor, significa que no es amor.

Sobre todo, si sufres tú solo significa que te estás adaptando al otro sin tener en cuenta tu bienestar. Es cierto que las relaciones pasan por momentos delicados y, por supuesto, que hay dolor, tristeza y sufrimiento, pero no como norma general, sino debido a una circunstancia en concreto. Sufrir para seguir en una relación no trae ningún beneficio, ni a corto ni a largo plazo, es totalmente en vano.

Cuando no puedes ser tú mismo

La autenticidad, la espontaneidad, la naturalidad y la personalidad nunca deberían sacrificarse en una relación. Renunciar a alguno de ellos implica perder nuestra esencia, lo que nos caracteriza y hace únicos. Entrar en una relación no tiene como requisito que dejemos de ser lo que somos para ajustarnos a las necesidades de la otra persona o para cumplir sus expectativas. A veces en nuestro afán por retener al otro hacemos todo lo posible para ser aceptados y aprobados, y nos olvidamos de nosotros, nos ponemos en último lugar. Nos confundimos, nos hundimos y nos desconectamos de lo que somos. En el momento en el que no podemos actuar con naturalidad y autenticidad estamos fingiendo, y una relación sana no se puede basar en eso.

Aunque te pueda sonar extraño, cualquier razón es válida para dejar una relación. A veces no sabemos por qué lo hacemos, simplemente sentimos que es lo mejor. Ya sea porque necesitamos sanar, ya sea porque no es el momento y no estamos preparados. O porque decidimos mudarnos a otro país. No tener razones suficientes también es válido.

Una relación no tendría que ser un chicle que se va estirando hasta que se rompe, no deberíamos quedarnos viendo cómo se desgasta. Porque entonces se nos lleva a nosotros también.

Se tiende a pensar que para dejar una relación es necesario tener un motivo sólido, como una infidelidad, por ejemplo. Es peligroso esperar a que algo «grave» suceda para así tener razones suficientes, porque nos puede hacer obviar otros factores que son igual de importantes y que nos indican que la relación debe terminarse. Siempre desde el respeto, la sinceridad, la honestidad, la responsabilidad y la madurez.

Si sentimos que nuestra relación no funciona y nos planteamos dejarla, lo más honesto y sano es actuar desde la transparencia. Nuestra confusión no tiene por qué confundir más a la otra persona y ser claros ayudará a nuestra pareja a no perder el tiempo tratando de averiguar qué pasó o pensando que ha sido culpa suya. Por eso, no es necesario esperar a tener «un motivo» o a que suceda algo más «grave» para cortar. Nos estaríamos autoengañando, tanto a nosotros como a la pareja, y no es justo para ninguno de los dos.

Si la decisión está tomada, es preferible no esperar. Nos evitaremos sufrimiento a nosotros y a nuestra pareja. Hay que dejar atrás la cobardía, el miedo, la incertidumbre por la reacción de la otra persona. Sea lo que fuere, si el momento ha llegado es mejor dejar ir, lo bueno y lo malo.

Hablemos sobre la ruptura

Cuando iniciamos una relación, la posibilidad de que acabe rompiéndose está ahí, es una realidad.

Muchas personas no quieren enfrentarse a la realidad, lo que las lleva a continuar en una relación que no va a ningún lado. En estos casos, se suele pensar que la ruptura va a doler mucho más, sin darse cuenta de que seguir en una relación que no funciona siempre es más doloroso. Tratar de evitar lo inevitable solo sirve para alargar el sufrimiento.

Nos estamos engañando por miedo al dolor, a abandonar nuestra zona de confort, a no contar con la protección de una pareja. Pero el desgaste que conlleva prolongar una relación de este tipo puede provocar graves problemas en nuestra salud mental y emocional.

Aunque la ruptura tiene muchos aspectos negativos, pues implica dejarlo todo y retomar el rumbo de nuestra vida, a veces es la única opción, porque seguir luchando por algo que ya no funciona no tiene sentido. Esto solo puede hacerse si ambas personas están decididas a poner de su parte para que funcione. Sin embargo, en el momento en que la relación está muy dañada y ya se ha intentado muchas veces, es necesario abandonar la negación y aceptar que se ha terminado.

Qué debemos saber realmente sobre la ruptura

Una ruptura es una pérdida. Sí, así es. Nuestro cuerpo va a tener que procesarla pasando un duelo que pone fin a una historia. Es un proceso duro, difícil y muy confuso, porque nuestra mente estará llena de dudas e incertidumbre, y nuestras emociones serán como una montaña rusa. Pensamientos como «¿He hecho lo correcto?», «¿Y si hubiera luchado más?», «¿Y si hubiera hecho esto y no lo otro?» serán habituales.

Muchas personas eligen seguir con la relación porque temen tomar la decisión «equivocada». Prefieren las dudas a tener que arriesgarse a sufrir una pérdida. La pérdida es la última cosa que se quiere.

Es muy duro decir adiós a la comodidad, aunque esa comodidad nos haga sufrir.

Nuestra mente siempre busca tenerlo todo bajo control y, en estos casos, lo que busca es coherencia, entender el porqué de la separación. Por desgracia, es el hecho de no entender lo que causa más dolor.

Algo que puede resultar útil durante un proceso de ruptura es tener claro que echar de menos al otro, tener dudas, querer ver a la otra persona y creer que te equivocaste es algo completamente normal.

Que eches de menos a tu expareja no quiere decir que tengas que volver con ella.

Querer ver a tu expareja no quiere decir que tengas que volver con ella.

Sentir dudas no quiere decir que tengas que volver con tu expareja.

Sentirte muy triste no quiere decir que tengas que volver con tu expareja.

Estos son solo pensamientos y sentimientos que acompañan una ruptura y hay que normalizarlos.

En ocasiones, hay parejas que, después de dejarlo, deciden volver a probar. En la mayoría de los casos vuelven a intentarlo sin una razón válida, pasando por alto lo que motivó la ruptura, y eso no augura nada bueno. Volver con tu pareja no hará que dejes de sentirte mal o que las cosas puedan ir mejor que antes. El hecho de rechazar la ruptura y evitarla a toda costa no hará que el proceso sea más fácil, al contrario, lo complicará todo más, ya que el regreso será temporal. Mantenernos en el rechazo nos encasilla. Aunque sea difícil aceptar que algo bonito se ha terminado, esta actitud no nos ayuda a avanzar.

No pretendo incitar a nadie a romper una relación, pero sí me gustaría que gracias a este libro se pudiera ver la ruptura como una opción que valorar y no tanto como una opción que evitar.

Cómo afrontar la ruptura

El proceso de una ruptura no es lineal, es como una montaña rusa. Habrá días en los que estaremos bien, y otros no tan bien. Sin embargo, conocer las siguientes herramientas pueden ayudarnos a sobrellevar el proceso.

Autocontrol

Vamos a apagar el piloto automático. Nuestras emociones estarán a flor de piel, porque es una reacción de nuestro cuerpo ante la pérdida, y tendemos a descontrolarnos y desbordarnos emocionalmente y a no dar peso a la razón. Practicar el autocontrol es clave para recordar los motivos por los cuales se ha terminado la relación y ver las cosas con perspectiva. En las rupturas, nos dejamos llevar por las emociones. Es totalmente normal. Pero, como hemos visto, en estos momentos el autocontrol es la herramienta que nos permitirá gestionar lo que sentimos y evitar que nuestras emociones nos confundan más de lo necesario.

No hay nada malo en sentir rabia, enfado, frustración, negación o una tristeza absoluta. El problema viene cuando estas emociones toman el control y nos llevan a actuar de manera impulsiva y empeoran el proceso.

Recordar los motivos de la ruptura puede ayudarnos con el autocontrol, ya que nuestra parte emocional querrá a toda costa recuperar lo que hemos perdido y evitar el dolor y el sufrimiento que sentimos.

Aceptación

Seguramente este es el punto más difícil, aceptar que la relación se ha terminado. Sin la aceptación, seguiremos en la negación del suceso, lo cual es un impedimento para superar la ruptura. Nada nos encaja, no entendemos cómo hemos llegado a ese punto, y aunque hacerse preguntas sea importante, en estos momentos querer saberlo todo nos lleva a un callejón sin salida. Después del autocontrol, la aceptación será nuestra gran aliada.

Prevención de recaídas

Esta fase es crucial cuando se trata de relaciones tóxicas, y en los casos en los que se ha tratado de dejar la relación en varias ocasiones sin éxito.

Aunque se acepte la ruptura, lo complicado es ponerla en práctica. Aquí lo que recomiendo es identificar los momentos de mayor vulnerabilidad, es decir, todo aquello que puede hacer (o que ha hecho en el pasado) que volvamos a caer. Es posible que la persona a la que dejas lo esté pasando muy mal y verla llorar hace que quieras volver. En este caso es la parte emocional la que nos engulle en la espiral porque, a pesar de lo doloroso que pueda ser ver a una persona pasándolo mal, debemos recurrir a la parte racional para que nos recuerde los motivos por los cuales estamos tomando esta decisión. Te aconsejo que anotes todas estas posibles situaciones y, al lado, escribas una conducta alternativa para anticiparte y evitar caer de nuevo. Ser proactivos en lugar de reactivos, es decir, identificar los momentos que nos llevan a sentirnos peor y anticiparnos preparando una conducta que nos ayude a sobrellevar la situación. En ese momento tan vulnerable, identificar qué nos ayuda y qué no, nos permitirá alejarnos de la tentación de volver y así cambiar un patrón de comportamiento.

Autocuidado

En este momento crítico, es bueno empezar a cuidarnos, pensar y trabajar en nosotros mismos, centrarnos en nuestro bienestar y crecimiento. Ocuparnos de nuestro futuro para no quedarnos atrapados en el pasado haciendo preguntas que no tienen respuesta. Cuidarnos significa darnos el tiempo suficiente para sanar, para reconectar y protegernos. Son momentos en los que nos sentimos vulnerables y es fácil olvidarse de la atención que merecemos. Pongamos todo nuestro amor en nosotros.

Reconciliarnos con nosotros mismos

Aunque lo parezca, la ruptura no es el fin del mundo. Es normal pensar que no volveremos a enamorarnos o a ser felices, pero esa sensación no va a durar siempre. No tenemos que quedarnos con una persona para no estar solos o para evitar el sentimiento de soledad. Eso sí que nos lleva a sentirnos muy solos. Al final, la única opción es tomar las riendas de nuestra vida, aunque nos cueste y creamos que podríamos haberlo hecho mejor. Es hora de perdonarnos y abrirnos a nuevas experiencias, aprender de todo lo sucedido, reconectar con viejas amistades y empezar a disfrutar de estar con nosotros a solas.

Quizá esta sea una de las tareas más complicadas, ya que implica dejar de preocuparnos tanto por lo ajeno y entender por fin que tenemos la responsabilidad de ocuparnos de nuestro bienestar emocional y nuestra salud mental. En definitiva, es aceptar lo que estamos pasando y ver los hechos con objetividad, sin olvidar nuestra propia protección.

No quiero hacerle daño

Sí, sé que no queremos hacerle daño a la persona a la que amamos, a la que le tenemos cariño y con la que hemos compartido una etapa de nuestra vida. No es fácil tomar la decisión de cortar la relación por mucho que en ese momento sea lo que queremos.

No querer romper con la relación por temor a hacerle daño al otro nos puede llevar a seguir con una relación que nos hace daño a los dos.

Esta conducta no solo genera más daño indirectamente, sino que tampoco elimina el daño que se quiere evitar. Cuando iniciamos una relación, siempre existe el riesgo de que la acabemos dejando o que nos dejen. Nos guste o no, la posibilidad de que las relaciones se acaben es algo muy real. Y cuando una relación se acaba, siempre habrá daños.

En mi opinión, hay dos tipos de daños, el inevitable y el evitable. El daño inevitable es el riesgo que corremos cuando conocemos a alguien e iniciamos una relación. Es como un acuerdo inconsciente en el que aceptamos el riesgo de una posible ruptura y del consiguiente daño, para nosotros y para la otra persona. Es algo que no depende de nosotros, porque no podemos controlar lo que siente el otro.

Sin embargo, también existe un daño evitable. Hablo de hacer las cosas bien, actuar con responsabilidad, empatizando y validando, siendo asertivos y consecuentes con nuestras decisiones. Todas las decisiones tienen consecuencias y sí, es desagradable ver sufrir a otra persona, pero es también nuestra responsabilidad no empeorar las cosas, actuar con respeto y transparencia, ser consecuentes con nuestros actos y nuestras decisiones y no castigarnos o creer que somos malas personas por haber decidido romper. Podemos evitar el daño en cierta medida, pero no en toda. El dolor ajeno es algo que, desafortunadamente, no podemos controlar.

APRENDE A DEJAR IR

¿Qué es realmente dejar ir? Puede ser un proceso complicado, sobre todo cuando nos apegamos a las relaciones de manera enfermiza. Estamos tan enganchados a personas, objetos y recuerdos que, cuando sabemos que tenemos que soltarnos para continuar con nuestra vida, sentimos un profundo dolor y desconcierto.

A pesar del dolor que provoca una ruptura, dejar ir no es perder. Dejar ir algo que no funcionaba es ganar. Se gana vida cuando soltamos lo que ya no nos hace bien, nos hacía infelices y nos debilitaba.

Llega un momento en que debemos soltar esa esperanza de que «todo se va a arreglar» o «todo irá bien». En que nos toca aceptar que la relación ya no va a arreglarse y terminarla.

Dejar ir también será alejarse de la idea de que esa persona nos amará como queríamos. Aferrarse a la idea de que las cosas cambiarán es uno de los motivos por lo que cuesta tanto dejar ir. Por ejemplo: «Sé que algún día cambiará», «Algún día todo será como yo imaginaba». Es mejor enfrentarse a la realidad, aunque sea doloroso, que evitarla con autoengaños y excusas.

Dejar ir es aceptar que hay personas que no nos aman como queremos. Dejar ir también es dejar atrás el miedo que nos retiene y nos impide cambiar, renunciar a lo que conocemos por temor a lo desconocido. Dejar ir es decidir que debemos marcharnos a pesar del cariño y los buenos momentos que hemos compartido con esa persona porque la relación ha llegado a su fin. No podemos quedarnos al lado de alguien solo porque hemos vivido momentos bonitos o porque sea muy buena persona.

Hay periodos de incompatibilidad, en los que cada uno tiene objetivos personales distintos, y aunque no tenga nada que ver con quererse, puede ser un motivo para dejar la relación. Lo mejor que nos puede pasar es que todo aquello que no nos hace bien se vaya. Y eso es una decisión que solo podemos tomar nosotros. La decisión de dejar de huir de la realidad y dar un paso que será doloroso pero nos abrirá las puertas a una vida más saludable y plena.

AMISTAD DESPUÉS DE UNA RUPTURA

Para empezar, quiero preguntarte algo: ¿tú crees en la amistad después de una relación? ¿Tendrías relación con tu ex justo después de terminar la relación?

¿Es posible tener una amistad después de una relación? Sí, es posible. Aunque en algunos casos es mejor evitarlo.

Es habitual sentir la necesidad de mantener el contacto con nuestra expareja después de una ruptura. Nos acostumbramos a saber constantemente de esa persona, a echarla de menos, a tenerla ahí cuando la necesitamos... Además, creemos que, si mantenemos la amistad, no sufriremos tanto la ruptura. A veces, esto tiene trampa, porque es una forma de hacerse ilusiones, de crear falsas esperanzas o engañarse. Por ejemplo: «Como somos amigos, cabe la posibilidad de que volvamos en un futuro», «Como somos amigos, sé que está ahí para cuando yo le necesite», «Si conservo la amistad, tengo en cierta medida más control y me aseguro de que no conozca a nadie más».

Estas creencias impiden que la ruptura progrese adecuadamente y que se acepte que la relación ha llegado a su fin.

En la gran mayoría de las ocasiones, la amistad se mantiene para evitar la ruptura definitiva, porque seguimos sin aceptar que la relación se ha acabado, porque tenemos la esperanza de volver o por miedo a no encontrar a nadie. En ninguno de esos casos recomiendo que haya amistad después de la relación.

A veces, la decisión de romper la relación la ha tomado solo uno de los miembros de la pareja y es el otro el que se aferra a la amistad. Cuando esto sucede, siempre hay uno que sufre más que el otro, porque a la persona que toma la decisión de romper normalmente le da igual mantener la amistad. O, al contrario, la persona que toma la decisión no está segura y prefiere mantener a la otra persona como amigo.

Por esto, si eres la persona que está dejando a su pareja, por favor, no le pidas una amistad, porque seguramente se aferrará a eso para no perderte.

En qué momento es un problema mantener una amistad

- Cuando solo un miembro de la pareja decide cortar la relación, dado que es probable que la otra persona se aferre a esa amistad como a un clavo ardiendo.
- Cuando se niega que la relación haya terminado. Son esos casos en que la relación se alarga, se alarga y se alarga, pero no está trayendo nada bueno. Mantener una amistad ahí es simplemente una manera de no admitir que la relación amorosa ha llegado a su fin. Una

cosa es que el amor pase de forma natural a ser amistad. Otra es buscar una amistad forzada.

- No se quiere afrontar la ruptura y se cree que mantener la amistad ayudará al proceso. Intentan hacer la ruptura «más suave» manteniendo el contacto. Se está haciendo perdurar la sensación de pertenencia en la relación. Esto solo sirve para alargar el proceso e intensificar el sufrimiento. Cuando te dejas y hay cero contacto, puede que la ruptura sea más intensa, pero garantiza menor sufrimiento a la larga.

- La relación ha sido muy dañina o ha habido maltratos. En este caso, la amistad solo serviría para mantener un vínculo tóxico. Un vínculo que seguramente no aportará nada. Además, es muy probable que, por alguno de los lados, exista dependencia emocional. Una amistad después de una relación así lo único que haría es cronificar ese apego.

En qué momento sí es bueno plantearse una amistad

Cuando has convivido con una persona, que deje de formar parte de tu vida es un proceso doloroso. Al llegar a este punto, es importante hacerse las siguientes preguntas: ¿cómo ha sido la relación?, ¿cuál es el motivo de la ruptura?, ¿se está manteniendo la amistad por necesidad o por elección?

Responde estas preguntas y piensa si esta amistad es una tapadera o es una realidad que los dos estáis preparados para vivir y que no os va a doler.

- Las dos personas aceptan de manera honesta y respetuosa que la relación haya llegado a su fin. Se ha terminado porque lo han acordado y se elige mantener una amistad.
- Se prefiere y se admite que la relación sea de amistad. Ambos están de acuerdo con esta decisión.
- Ambas personas son lo bastante maduras para llevar esa amistad con libertad. La amistad no nace de la necesidad, sino de la elección. Se ha aceptado la ruptura, saben que no volverán a estar juntos y que la amistad no les va a doler.
- La amistad nace de la reciprocidad y no del sufrimiento. Muchas amistades se crean sin que una de las partes haya aceptado el fin de la relación y eso acarrea sufrimiento.

Creo que después de una ruptura es mejor dejar pasar un tiempo antes de plantearse una amistad. Darse espacio para asimilar lo que ha pasado, curar las heridas y el dolor. Empezar la amistad justo después de la relación es aferrarse a un clavo ardiendo. Pero de nuevo, cada pareja es un mundo y todas las decisiones son aceptables y válidas, siempre y cuando se elija desde la sinceridad y aceptación.

Forzar una amistad solo traerá más sufrimiento. Una amistad tiene que surgir, no tiene que ser algo obligado o un premio de consolación. Tras una ruptura, date tiempo y escúchate. Sé consciente de si estás buscando esa amistad por necesidad o por elección. Sobre todo, no te sientas obligado a tener una relación con tu expareja solo porque eso es mejor que nada.

Ahora, detente un segundo y cuéntame: ¿qué has aprendido en este capítulo?

7

Hacia la independencia afectiva

Ha llegado el momento de ponernos manos a la obra. Una vez explicados los puntos más importantes sobre el amor, la baja autoestima y la dependencia emocional, es momento de responder a la pregunta: ¿y ahora qué hacemos? ¿Cómo construyo una buena autoestima, me libero de los apegos que me impiden una independencia afectiva y disfruto de una relación desde la libertad?

QUÉ BUSCAMOS CON LA INDEPENDENCIA AFECTIVA

- Ser capaces de tomar nuestras propias decisiones sin depender al cien por cien de la opinión de los demás.
- Controlar nuestros miedos y así tomar el control de nuestra vida.
- Conocernos, saber lo que es mejor para nosotros y priorizarnos cuando sea necesario.
- La habilidad de reconocer y renunciar a aquello que impide nuestro crecimiento personal.

- Identificar los apegos enfermizos para evitar un enganche tóxico y la pérdida de nuestra independencia.

Pasar de la dependencia a la independencia no es tarea fácil, ni puede hacerse de un día para otro. Lo que sí es cierto es que valdrá la pena. Recuperar las riendas de nuestra vida es una de las mejores decisiones que podemos tomar.

La dependencia emocional, tema que hemos abordado en capítulos anteriores, nos da una falsa sensación de seguridad cuando la figura de apego está presente. El problema es que en el momento en el que se aleja o desaparece, nuestro ser se desvive para evitar esa pérdida. Vivir con dependencia emocional nos hace pensar que aquello a lo que nos aferramos es necesario e imprescindible para nuestra existencia.

**Desde la independencia afectiva
el deseo se convierte en la oportunidad de elegir,
y no de necesitar.**

Ser independientes afectivamente no significa no querer a nadie, mostrarse indiferente y ser «despegado» (que no expresa grandes muestras de amor), es la capacidad de una persona para gestionar sus propias emociones y conseguir la autonomía suficiente para no generar un apego patológico hacia los otros.

Vivir sin apegos

> No estar apegado no significa que queramos menos a una persona, sino que no estamos preocupados por la relación... El desapego es la capacidad de liberarnos de lo que nos hace daño.
>
> Walter Riso

Como hemos podido ver en el apartado de los mitos del amor romántico, nos han inculcado la creencia de que amar es depender, es perder nuestra independencia y apegarnos a la otra persona de modo obsesivo como único modo de vincularnos afectivamente. Es común malinterpretar la palabra «desapego», porque se asocia a una persona poco afectuosa, y eso es porque hemos interiorizado la creencia de que apegarnos es la única manera de amar.

El hecho de amar desde la independencia (sin apegos) no significa que no vayamos a comprometernos en la relación o que lo hagamos desde la indiferencia, sino que elegimos amar desde la tranquilidad y la calma, sin vínculos obsesivos ni renunciando a lo que somos. Comprometernos en la relación sin esclavizarnos al otro.

No se trata de que dejemos de sentir, sino de que empecemos a sentir de una manera saludable. A amar desde la libertad. A ser libres de tomar nuestras decisiones sin figuras de apego que nos controlen.

No eres dependiente por querer que te escuchen y te validen.

También es importante recordar que no vamos a convertirnos en seres que no necesitan absolutamente nada. No hay nada de malo en necesitar a otros en determinados momentos. Tampoco en querer sentirse amado. Desear a alguien y necesitar un abrazo como signo de amor no es depender. Son necesidades emocionales básicas que como seres sociales nos permiten establecer vínculos. Es diferente cuando ese deseo y necesidad se convierten en una búsqueda enfermiza de seguridad.

Cuando dejamos que nuestros miedos e inseguridades nos controlen, la dependencia se vuelve preocupante e irracional, porque creemos que sin esa figura de apego nuestra vida está en peligro. La independencia afectiva nos permite identificar todo aquello que se interpone en nuestro camino al crecimiento y el desarrollo personal, y apartarlo de nuestra vida. Hemos pasado tantos años identificándonos con determinadas figuras de apego que, cuando pensamos en el desapego, nos sentimos desnudos. Nunca nos hemos emancipado emocionalmente. Y eso nos asusta y lo evitamos porque conlleva sufrimiento, y nos hace sentirnos perdidos y enfrentarnos sin protección a lo que somos.

El desapego nos ayuda a vivir los vínculos emocionales sin temores ni ansiedad, lo que nos permite ser más libres. El objetivo principal es asumir que, si logramos lo que deseamos, lo disfrutaremos, pero que, si lo perdemos o no podemos conseguirlo, no será el fin del mundo ni se acabará nuestra vida, aunque nos duela.

Cuando somos capaces de establecer vínculos menos obsesivos y menos ansiosos, estamos más cerca de la independencia afectiva.

Comprendemos que la independencia viene acompañada del respeto y la libertad. Que no vamos a dejar de ser lo que somos y que un vínculo no exige que nos esclavicemos ni nos destruyamos a nosotros mismos. Nos acercamos a los demás conservando nuestra dignidad, sin humillaciones ni miedos, ni temores. Protegiendo lo más valioso y siendo capaces de decidir. Nada es más cierto que este tipo de apegos nos debilitan, nos alejan de la felicidad y nos convierten en marionetas.

**La «necesidad» te esclaviza,
la «preferencia» te libera.**

Cuando al fin conseguimos que nuestros déficits o carencias dejen de dirigir nuestra vida, nos guían nuestras preferencias. Cuantas menos necesidades, más libertad.

¿Por qué es tan importante la independencia afectiva? Para evitar la pérdida del «yo», la conexión con nosotros mismos. Cuando somos dependientes afectivamente o sufrimos una baja autoestima, estamos mucho más pendientes de los demás. Esto, como hemos podido comprobar, nos incapacita para pensar en nosotros, es decir, nos resulta complicado ponernos como prioridad y, sin embargo, es una pieza clave para el proceso de construcción.

Es cierto que, como he comentado, para establecer vínculos con otras personas tiene que haber afecto. Pero, repito: los vínculos tienen que ser saludables y seguros, basados en el deseo y no en la necesidad, vínculos que busques como persona completa, no para llenar un vacío.

**La creación de una pareja consiste
en la unión de dos personas, no en la sumisión
de una a la otra.**

La independencia afectiva no es un proceso fácil, y se necesita mucha fuerza de voluntad para romper con viejos hábitos. Es un proceso de aprendizaje, ensayo y error, hasta que poco a poco vamos reencontrándonos con la persona que queremos ser. Es necesario que estemos presentes y atentos a todo lo que nos afecta en el día a día. Ser lo suficientemente fuertes como para dejar ir lo que no nos funciona y, sobre todo, aceptar que la baja autoestima seguirá acompañándonos en muchos momentos. Las dudas, las inseguridades, los temores, las preocupaciones... nos van a acompañar durante el resto de nuestra vida y eso no quiere decir que no estemos aprendiendo o que lo que se ha hecho hasta ahora no haya servido para nada. Somos humanos y, como ya sabemos, nuestras emociones nos ayudan a adaptarnos.

Las personas más confiadas del mundo también dudan y tienen miedo, la diferencia reside en cómo lo gestionan. El cambio no se producirá de la noche a la mañana, es un proceso de construcción que durará toda la vida. Esto no debe desanimarte.

No siempre se puede con todo, y eso está bien, no queremos volvernos invencibles, sino personas capaces de entender lo que nos sucede y valorar qué podemos hacer, teniendo en cuenta tanto nuestras capacidades como nuestros límites.

LA IMPORTANCIA DEL AUTOCONOCIMIENTO

Empezar a conocernos es clave. Si no sabemos quiénes somos, ¿dónde vamos a ir? Cuando uno no sabe lo que necesita, comete el error de actuar guiándose por los demás, por la sociedad, las normas culturales...

Cuando no hemos trabajado en un proceso de autoconocimiento, creamos una personalidad que no se basa en la autenticidad. Nos alejamos de nuestro verdadero yo por miedo a mostrarnos tal como somos o por la imagen negativa que tenemos de nosotros mismos. Partimos de una base en la que no nos tenemos en cuenta y olvidamos que somos seres que necesitamos de una atención plena interna.

Te propongo las siguientes preguntas:

- ¿Qué necesitas para sentirte libre?
- ¿Qué deseas?
- ¿Cuáles son tus creencias, tus principios, tus gustos u opiniones?
- ¿Te sientes satisfecho con tu vida?
- ¿Qué sientes en este momento?
- ¿Estás tomando decisiones que te ayuden a crecer y desarrollarte?

- ¿Vives de forma realista y objetiva?
- ¿Tienes claros cuáles son tus propósitos en cada ámbito de tu vida?
- ¿Conoces lo que es importante para ti y tu bienestar?
- ¿Eres capaz de identificar las situaciones y personas que te generan malestar y de gestionarlo?
- ¿Reflexionas a menudo sobre tus virtudes, logros y todo lo que te hace sentirte orgulloso?
- ¿Estás viviendo en el presente y de manera consciente?
- ¿Quién quieres llegar a ser?
- ¿Te rodeas de personas que te apoyan, suman y potencian tu crecimiento? ¿O sucede lo contrario?

El objetivo del autoconocimiento es explorar áreas de tu vida que requieren un cambio o mejora, conseguir un equilibrio entre lo que se desea y se persigue, y proyectar imágenes reales y compasivas sobre lo que eres, sobre las personas que te rodean y sobre el mundo. También establecer un plan de acción que te aproxime a tu «yo ideal» e iniciar un proceso de búsqueda de respuestas escuchándote a ti mismo.

Te propongo los siguientes retos. Lo ideal es elegir uno, y tras completarlo, pasar a otro. Los propongo solo a modo de ejemplo, son muy generales. La idea es que elabores un reto adaptado a tus necesidades y a lo que crees que te puede ayudar. No hay nada mejor para la autoestima que poner en práctica la teoría.

- No buscar tanto las opiniones de los demás (en los casos en los que no sea necesario).

- Escoger una pieza de ropa sin preguntar a nadie.
- Tomar una decisión a pesar de estar llenos de dudas.
- Preguntar algo sabiendo que nos van a decir que no.

Debemos empezar a confiar en que nuestras creencias son igual de válidas que las de los demás y expresar nuestras necesidades a pesar de sentir que estamos siendo egoístas. No es necesario que sepamos en todo momento lo que buscamos o lo que necesitamos, nunca lo sabremos a ciencia cierta y no es imprescindible. Lo que nos puede ayudar es valorar si eso que queremos de verdad nos hace sentir mejor y mejora nuestro bienestar emocional.

A menudo escucho a personas muy confundidas al iniciar este tipo de procesos porque no saben por dónde empezar. Pero ¿cómo sé si esto me va a ayudar? ¿Cómo sé si no me estoy equivocando? Parten de una inseguridad y desconocimiento tan profundo que no saben hacia dónde tirar. Cuando me hacen preguntas como estas, respondo: «Empieza haciendo cosas que nunca habías hecho y mira cómo te sientes». Intenta salir de la zona de confort. Ensayo y error es el camino hacia el éxito.

La clave para estar en paz con nosotros mismos es empezar a reconocer cómo nos sentimos, por qué, aceptarlo y dejarlo entrar.

Estamos yendo por buen camino en el momento en que lo que pensamos, decimos y hacemos está en equilibrio.

Cuando, por ejemplo, debido a una baja autoestima, se tiene miedo al rechazo, las respuestas conductuales son muy diferentes a lo que realmente pensamos. Pensamos que el comentario de la otra persona es poco acertado y nos gustaría rebatirlo. El miedo al rechazo aparece y nos alerta del peligro de decir que no estamos de acuerdo. Nos reprimimos, y el hecho de no haber dicho lo que pensábamos nos provoca sensación de malestar y arrepentimiento. Por ende, se refuerza el miedo al rechazo.

Estoy segura de que este ejemplo puede aplicarse a muchos ámbitos de la vida y a muchas situaciones porque es más habitual de lo que pensamos. Es normal que en algunas situaciones prefiramos no hablar o simplemente no nos sintamos con fuerzas para hacerlo. Sin embargo, como he dicho en varias ocasiones, el hecho de vivir en esa «parálisis» dificulta el proceso de autoconocimiento, porque no nos permitimos vivir como queremos.

Debemos darnos el permiso para hablar, aprender y ver cómo reaccionar y conocernos en todos los ámbitos.

El autoconocimiento es un viaje indefinido. No podemos esperar a conocernos al cien por cien para empezar a actuar y comportarnos tal como queremos. No, la práctica es lo que hace que nos conozcamos cada vez más, en los buenos y en los malos momentos.

No se trata de buscar la perfección, sino de intentarlo para poder perfeccionar.

Trabajar todos esos miedos que nos impiden ser quienes somos

La mayoría de las personas tenemos miedo al rechazo, al abandono, al fracaso...

Los miedos son característicos de una baja autoestima y tienen un efecto muy negativo en nuestra imagen de nosotros mismos. Casi siempre se trata de miedos irracionales y desadaptativos que nos impiden ser libres. Aceptar los miedos de manera adaptativa y entendiendo su mensaje nos ayuda a enfrentarnos mejor a las diferentes situaciones de la vida. Cuando caemos en el error de pensar que no podemos hacerlo, es porque carecemos de las herramientas necesarias, y nuestra conducta evitativa no hace más que reforzar el problema. Alejarnos de lo que nos asusta nos proporciona una sensación de alivio momentánea. Pero nos guste o no, la vida está llena de situaciones que nos asustan, y si nuestra respuesta es siempre huir, la bola del miedo será cada vez más grande.

Cuando todo gira en torno a la evitación del miedo, disfrutar de la vida se queda en un segundo plano.

De lo que trata es de conseguir que podamos disfrutar sin tener que evitar el miedo constantemente, como si de una amenaza real se tratara. El problema del miedo es esa sensación de parálisis y el impulso de huir. Nos guste o no, la única manera de superar los miedos es afrontarlos con las herramientas adecuadas.

Debido a creencias irracionales sobre el miedo adquiridas en la infancia o durante la vida, generamos apegos innecesarios en la vida adulta, y lo hacemos por desconocimiento y por temor a afrontar la vida con independencia. Los miedos proceden en la mayoría de los casos de nuestro interior. Reconocer las creencias irracionales ligadas a estos miedos nos hará ser más libres. Si seguimos anticipando el futuro negativamente y de manera pesimista, lo que pasará es que no querremos ni intentarlo. Cuando proyectamos este tipo de pensamiento, estamos condicionando nuestra motivación y la energía que ponemos, y lo más probable es que, tal como habíamos anticipado, fracasemos y el miedo gane una vez más.

Cuando iniciamos una relación, lo principal es identificar si estamos satisfaciendo una necesidad o de verdad nos hace felices.

Porque si lo que hacemos es satisfacer una necesidad, cuando la relación desaparezca volveremos a sentir el mismo miedo y la necesidad apremiante de llenarlo. Aparece entonces ese niño herido y desprotegido que llevamos dentro y que busca dejar de sentir el vacío y el miedo. El primer paso es reconocer la presencia de ese niño que nos grita pidiendo seguridad y protección. Comprender que ahora estamos seguros es esencial para quienes, en el pasado, han padecido abusos, miedo o dolor. No importa lo que haya pasado, eso no implica que vaya a seguir ocurriendo o que siempre debamos protegernos. En el momento en el que decidamos plantar cara al miedo, podremos tomar el timón de la vida y empezar a disfrutar.

**Nuestro niño interior tiene que entender
que ya no está viviendo en el pasado,
sino en el presente.**

Si en la infancia sufrimos abusos, experiencias traumáticas, rechazos constantes, ausencia de amor y afecto y abandonos, lo más seguro es que vivamos con el temor a que nos dejen, nos rechacen o no nos quieran. De pequeños no supimos defendernos y en el presente nos seguimos sintiendo indefensos. Aunque ya no somos niños, la herida sigue ahí porque nunca ha sanado. Siguen apareciendo recuerdos dolorosos que nos llevan a hurgar en la herida, pero no a sanarla, y sufrimos.

Cada vez que se presenta un momento de posible rechazo o abandono, revivimos las mismas sensaciones del pasado, la herida se abre y duele. Nos transportamos a la infancia y nos sentimos tan indefensos como cuando éramos pequeños. Para dejar de sufrir nos alejamos o llevamos a cabo conductas de comprobación para asegurarnos de que eso tan temido no vaya a suceder. Una especie de sumisión que nos lleva a pagar un precio muy alto para que ciertas personas se queden a nuestro lado y así dejar de sufrir. En cierto modo, estos mecanismos nos mantienen atrapados en el pasado, porque nuestras viejas heridas condicionan nuestro comportamiento en la actualidad y nos impiden disfrutar en el presente y construir un futuro.

El presente está libre de miedo, es el pasado quien te recuerda lo que sufriste y el futuro quien habla de lo que puede ocurrir.

Cuando cargamos con una herida del pasado, sentimos que estamos destinados a sufrir, lo que nos lleva a buscar a personas que probablemente nos rechazarán o nos abandonarán para corroborar la idea de que, es cierto, las personas a las que queremos se van de nuestro lado. Tenemos miedo de que nuestra pareja se vaya porque nuestro padre nos abandonó cuando éramos pequeños e inocentes. De nuevo, pasado y futuro. En el presente tu pareja está contigo. Es de nuevo tu niño interior quien, herido, te transmite el sufrimiento. Este pensamiento nos lleva a comprobar de manera reiterada y angustiosa si nuestra pareja se va a quedar a nuestro lado.

Cada una de estas conductas supone un importante desgaste para la relación e incluso puede provocar la ruptura, porque uno de los pilares más importantes no está presente, la confianza. Si la relación se termina, la creencia se habrá validado. «Lo sabía, todos me abandonan». Lo que hará que el miedo se cronifique y la creencia se refuerce. Hablar con el miedo en el momento presente nos hará tomar conciencia de cómo dirige nuestra vida y nos permitirá controlarlo. Cuando somos capaces de trabajar el desapego estamos un poco más cerca de la paz. El apego hace que necesitemos a otros para sobrevivir, nos intoxica y nos impide conseguir la felicidad.

ENTABLAR AMISTAD CON LA SOLEDAD

La capacidad de estar contigo mismo sin temor es una herramienta clave. Ver la soledad no como un enemigo del que se debe huir, sino como algo a lo que abrazar porque es un momento de conexión y cuidado único con tu ser.

El miedo esclaviza a la persona a una pareja para evitar la soledad.

El miedo a la soledad es el temor intenso a que nos abandonen y nos sintamos solos. Se caracteriza sobre todo por todo tipo de acercamientos en busca de compañía, una preocupación excesiva y pensamientos catastrofistas cuando no se obtiene la respuesta o atención necesaria. Se intenta complacer a toda costa para evitar el abandono (conducta muy peligrosa cuando se está en relaciones de maltrato o tóxicas) y así evitar la soledad. Se puede llegar al chantaje emocional para retener a otras personas. Cuando se está en una relación, se suele dar todo por sostenerla, a pesar de las consecuencias emocionales. Se establecen relaciones en las que suele aparecer dependencia emocional y nos aferramos a lo que sea para evitar el abandono y la temida sensación de soledad. El miedo al abandono puede explicar muchas situaciones en relaciones pasadas. Puede aparecer en forma de inseguridad, sentimiento de vulnerabilidad y celos. Si fuiste abandonado en el pasado, tuviste que aguantar periodos largos de separación o sufriste una experiencia traumática, puede que aún estés tratando de recuperar ese afecto, amor y atención que no recibiste en tu infancia. Se tiene la sensación constante de que te pueden abandonar y te pasas el día desconfiando. «Necesito que esa persona cuide de mí porque, en caso contrario, no sobreviviré».

Cuando no estamos en paz con nosotros mismos, tendemos a refugiarnos en los demás para no experimentar la sensación tan desagradable que tenemos en nuestro interior.

El problema es que, si nunca afrontamos esta sensación, nunca podremos entenderla y, por ende, trabajarla. Se trata de identificar en qué momentos tenemos ese pánico, esa sensación de vacío, y empezar a ofrecer nuestra compañía como la mejor y única cura. El miedo al abandono y a la soledad genera dependencia emocional hacia otras personas, la necesidad de estar acompañados cueste lo que cueste. Lo peor de todo es que no medimos la calidad de las personas, porque lo que hacemos es solo buscar a alguien que alivie nuestro malestar, y en la mayoría de los casos elegimos a la persona equivocada.

Puedes estar acompañado de mil personas, pero si tienes miedo a la soledad, seguirás sintiéndote solo.

El hecho de estar con alguien genera en nosotros una falsa sensación de seguridad. Pero lo cierto es que muchas veces esas personas que nos acompañan nos perjudican y hacen que nuestro miedo a la soledad se agrave. Cuando conseguimos estar bien en soledad, aprendemos a elegir por deseo y no por necesidad. Ya no se buscará para llenar un vacío, sino desde la plenitud y la tranquilidad, y esa será la mayor liberación. Ya no ejercemos control sobre los demás, sino que nos centraremos en atraer a nuestra vida a personas que de verdad nos aporten.

Y AHORA, ¿QUÉ HAGO CON EL MIEDO?

Los miedos de los que he hablado representan un impedimento para la independencia afectiva. Hacen que dependamos de la aprobación de otros, de una pareja, de nuestras creencias. Cuando más nos apegamos, más sufrimos. Para superar el miedo, lo primero es centrarnos en aquellas creencias que generan las conductas y las respuestas que queremos evitar, empezando por lo que nos decimos. Sí, si en nuestra vida cotidiana trabajamos la plena conciencia y la concentración, podremos transformar el miedo y la ira, y evitar que el miedo nos siga controlando. Se trata de desaprender los antiguos patrones que alimentan la cadena del miedo y aprender aquellos que nos liberan y nos alejan de nuestras figuras de apego.

Si dejamos que nuestras creencias erróneas nos arrastren y generen emociones negativas, nos comportaremos de forma superficial y seremos prisioneros de esas creencias. En cambio, la conciencia plena nos ayuda a sentir nuestro dolor y cuestionarnos las ideas que lo acompañan.

Se trata de aprender a pararse en lugar de huir, cuestionarnos todas aquellas ideas que teníamos como verdades absolutas y que nos hacían aferrarnos a otros. Porque si nos damos esa oportunidad, veremos la poca racionalidad de nuestros miedos.

Por muy doloroso que sea, dejar que ese posible abandono se produzca, nos ayudará a entender que el miedo no nos va a matar, sino que siempre será más liberador porque por primera vez estaremos soltando en lugar de aferrarnos.

Se trata de transformar las emociones dolorosas e intensas en un refugio, no en una vía de escape. Si las escuchamos, nos daremos cuenta de que lo único que quieren es que aceptemos que están ahí y van a acompañarnos hasta que dejemos de enfrentarnos a ellas. Quieren un abrazo, quieren comprensión, quieren que captemos su mensaje. Si seguimos siendo esclavos de nuestras creencias y emociones, siempre sentiremos dolor, porque estaremos malinterpretando cada mensaje.

En primer lugar, es esencial reconocer e identificar los miedos para controlarlos y trabajar sobre ellos.

¿Cuáles son las creencias con las que más te identificas?

¿Qué es lo que más temes?

¿Qué sientes cuando sucede?

¿Cuál es tu reacción ante esa situación temida?

¿Cómo te sientes después?

Esto me lleva a preguntarme: ¿qué te habrá podido suceder para que pienses que si una persona se va de tu lado no eres nada? ¿Por qué sientes que sin tu pareja vas a estar sola? ¿Acaso no tienes a nadie más? ¿Por qué crees que si una relación termina es un fracaso?

**La manera más breve y concisa de responder
la pregunta sobre cómo superar el miedo
es aceptando que se tiene miedo.**

RECORDATORIOS SOBRE EL MIEDO

- «Debido a mis experiencias del pasado he desarrollado un miedo excesivo a...».
- «Lo que me haya ocurrido en el pasado es algo que debo sanar y trabajar y, aunque me duela, necesito dejarlo ir para tomar las riendas de mi vida».
- «Es muy duro recordar esos momentos de mi infancia que me han estado persiguiendo durante tanto tiempo, pero merezco ser feliz sin estar machacándome por ello».
- «Es mi responsabilidad hacerme cargo de mí y ofrecerme el hogar seguro que nadie más puede darme».
- «Lo que he pensado siempre que era un peligro para mí no es más que la vida siguiendo su curso, me guste más o menos».
- «Nunca estaré solo si me tengo a mí, aunque me hayan hecho creer lo contrario».
- «Nunca me abandonaré si me quiero».
- «Nunca seré un fracaso porque algo salga mal».

**El amor que buscas ahí afuera es el amor
que te tienes que dar a ti mismo.**

No es justo tener que estar complaciendo a otras personas simplemente para que se queden a nuestro lado. Eso supone un desgaste emocional y mental enorme que provoca una mayor desconexión y refuerza la baja autoestima y la dependencia. Cuando de verdad nos demos todo lo que estamos buscando fuera de nosotros, estaremos en posición de encontrar a personas que nos hagan mejor persona, que nos aporten, que nos ayuden en nuestro desarrollo. Ese sí es el amor que merecemos y que vale la pena buscar.

EVALUAR EL ENTORNO

La elección de las personas que queremos a nuestro lado afecta de manera importante a nuestra autoestima. Cuando nos rodeamos de personas que no nos hacen sentir bien y, a pesar de eso, somos incapaces de poner límites o alejarnos, no estamos haciendo caso a las señales de nuestro cuerpo.

Consumir aquello que nos sienta mal solo empeora nuestra salud física. Mantener relaciones que no nos hacen sentir bien empeora nuestra salud mental.

Cuando empezamos a cuidarnos, nos familiarizamos con el bienestar y la paz, y ponemos más atención en la calidad de las personas que elegimos. Nos sentimos bien con nosotros mismos, lo suficiente como para no caer en relaciones que puedan perjudicarnos. En ocasiones es inevitable, pero si nunca normalizamos un estado de paz, nos quedaremos en lo que se siente como una guerra.

> **Las personas de las que nos rodeamos o a las que nos aferramos pueden estar causando un daño terrible en nuestra autoestima. El temor a perderlas hace que paguemos un precio muy alto.**

Analizar con quién nos relacionamos nos puede ayudar a identificar con más detalle cómo nos sentimos cuando estamos con ciertas personas.

REFLEXIONEMOS SOBRE LAS RELACIONES

Haz una lista con los nombres de tus amistades, familiares, pareja, compañeros de trabajo... Con cada una de esas personas, ¿te sientes a gusto y tranquilo? o, al contrario, ¿sientes temor o angustia? Las emociones son un gran aliado en estos casos, porque pueden avisarnos de lo que está sucediendo. ¿Te suman o te restan? ¿Con qué relaciones te sientes mejor y con cuáles te sientes peor? ¿Quieres seguir viviendo así? ¿Vale la pena parar un momento y ver qué es lo que te ata a este tipo de relaciones? ¿Por qué actúas así y dices que sí a personas que sabes que no te están haciendo bien? ¿De dónde puede proceder este tipo de comportamiento?

Ahora que ves el impacto que cada relación tiene en ti, es momento de hacer algo con aquellas que tienen un efecto negativo. Para ello haremos dos columnas, una para las relaciones en las que hay algo que puede mejorar, y otra para las que es mejor cortar.

Tal vez estés pensando que todas las relaciones pueden mejorarse, pero quiero que seas cien por cien honesto contigo y analices si de verdad lo crees o solo te resistes a dejarlas ir.

Nos encontramos en una situación de crecimiento y de cambio. Nos guste o no, eso significa que nos estamos alejando de quien hemos sido hasta ahora.

**Para seguir en este proceso de crecimiento
y desarrollo personal, se tendrá que decir
«no» y «adiós» en muchas ocasiones.**

En este viaje no podemos llevarnos a todo el mundo ni pretender que a todos les guste nuestro cambio. Algunos nos dejarán a mitad de camino porque no les gusta en quién nos estamos convirtiendo o, al contrario, nos despediremos de otros porque no encajan con la persona en la que nos queremos convertir. Nos daremos cuenta entonces de que hemos estado manteniendo relaciones que no nos beneficiaban y que continuar con ellas no nos aporta nada.

Cuando estamos en el proceso de construcción de la autoestima y la independencia afectiva, tenemos que ser plenamente conscientes de lo que de verdad nos hace sentir bien, nos ayuda, nos aporta valor, es decir, priorizar la calidad de nuestros vínculos. Si seguimos rodeándonos de personas que nos arrastran, nos hunden, nos recuerdan constantemente quiénes fuimos y se resisten a nuestro cambio, habrá que escoger. O ellas o tú.

FAMILIARIZARNOS CON LA INCOMODIDAD

Resulta extraño cuando por primera vez nos comportamos de manera diferente. Estamos pidiendo que se respete un límite, estamos expresando un «no» o salimos de la zona de confort. Aparecen sensaciones incómodas, de incertidumbre y duda que nos mantienen en alerta pensando: «¿Lo estaré haciendo bien?», «¿Estaré siendo egoísta?».

Si te sientes diferente, es que estás haciendo un cambio.

Imagina cómo te sentías el primer día de cole, o de la universidad, o en el nuevo trabajo. Son las sensaciones que nos advierten que estamos en un entorno nuevo al que poco a poco nos iremos habituando. Cuando iniciamos un cambio, es normal sentirnos de la misma forma que en el primer día de una experiencia nueva.

Lo que hoy genera temor, mañana será tranquilidad.

Primero debemos sacudirnos para restablecer nuestro sistema y ajustarnos a un nuevo método que nos funcione. Quizá lo que acabo de comentar te ha estado paralizando, te generaba miedo y te impedía dar el salto. Cuando no se quiere sentir algo diferente, nos obligamos a sentir lo mismo una y otra vez. Entiendo que a nadie le gusta experimentar inseguridad, incomodidad, alerta, inquietud... pero son sensaciones necesarias que indican que estamos aprendiendo a adaptarnos al nuevo entorno. Nuestro cuerpo necesita un tiempo para procesar todo lo que está sucediendo, familiarizarse, analizar el nuevo mundo. Probar, equivocarse y salir de la zona de confort es la única manera de crecer.

Empieza a hacerlo por ti, no por los demás.

No lo hagas porque una pareja te lo ha pedido. No lo hagas porque tus padres te dicen que lo hagas. Por supuesto, si te lo aconsejan seguramente es porque creen que es lo mejor para ti. Pero eres tú quien tiene que creerlo.

DEFENDER LA LIBERTAD

Cuando vivimos en un segundo plano, nos olvidamos de que, como seres humanos, tenemos derecho a expresarnos, a compartir con otras personas nuestras ideas, reflexiones y opiniones. Puede que hayamos normalizado que otros se enfaden por cualquier cosa que hacemos. O que nunca se nos escuche cuando hablamos. Hemos aprendido guiándonos por la respuesta que nos daban otras personas, y hemos acabado por aceptar que siempre será así y que no debemos hacer nada que genere una respuesta negativa del exterior. Pero ¿y si esas personas estaban equivocadas? ¿Y si son ellas las que hacían algo mal? ¿Por qué no puedes mostrarte tal como eres?

Como ejercicio, te recomiendo que hagas una **lista con todos tus derechos** como persona (ejemplo: «Tengo derecho a alzar la voz por mí y que se me escuche»).

Del 1 al 10, ¿cómo de independiente afectivamente te sientes?

Si no es mucho, no te preocupes. Continuamos...

8

Los pilares de la autoestima

> Si mi objetivo es demostrar que valgo «suficiente»,
> el proyecto se prolonga hasta el infinito, porque la
> batalla ya estaba perdida el día que admití que
> la cuestión era discutible.
>
> NATHANIEL BRANDEN

Sufrir de baja autoestima es una desventaja ante la vida, tal como dice Nathaniel Branden, el autor de *Los seis pilares de la autoestima*, libro que recomiendo encarecidamente. En las siguientes páginas, resumiré de manera concisa cada pilar, porque siento que es importante hablar de este tema. Tras describir los seis pilares, he añadido otros puntos para complementar el trabajo de construcción de la autoestima.

VIVIR DE MANERA CONSCIENTE

El objetivo aquí es validar nuestro mundo interior y ser conscientes de él, de nuestras necesidades, deseos y emociones, y empezar a estar más conectados con todo lo que sucede en nuestro interior. Cuando somos más conscientes de lo que sucede tanto fuera como dentro, dejamos de estar controlados por la baja autoestima y nos quitamos esa venda de los ojos. Podemos empezar a hacernos responsables de quien somos y de nuestros actos, y entender el efecto que el exterior está teniendo sobre nosotros afrontando la vida con actitud proactiva y no solo limitándonos a resolver los problemas, sino saliendo a su encuentro.

Para llegar a esto, debemos hacer un trabajo que nos ayude a conseguir las herramientas y técnicas necesarias para afrontar aquellas situaciones que nos obliguen a salir de nuestra zona de confort. El hecho de sentirnos capacitados para hacer frente a las dificultades nos permite disfrutar plenamente, ya que sabemos que, cuando aparezca un problema, podremos solucionarlo sin bloquearnos ni preocuparnos de manera innecesaria.

Cuando nos ponemos en la situación de estar siempre esperando a que algo malo suceda y desconocemos cómo afrontar lo tan temido, en lugar de disfrutar nos limitamos a sobrevivir.

Vivir de manera consciente implica ser reflexivos y conocernos profundamente, sabiendo por qué tomamos unas decisiones y no otras. Significa reconocer nuestras debilidades, pero también nuestras fortalezas. A menudo vivimos en piloto automático, sin darnos cuenta ni del qué, ni del porqué, ni del cómo... y se nos pasa la vida en un estado de inconsciencia, como si fuéramos meros espectadores. Si no somos conscientes de nuestros actos, es poco probable que podamos ser responsables de ellos. Así que el siguiente paso es ser conscientes y tomar responsabilidad. Las siguientes preguntas pueden ayudarnos a responsabilizarnos de nuestros actos y a entender por qué hacemos lo que hacemos.

- «¿Por qué me cuesta ser consciente de mis actos?».
- «¿En qué situaciones siento que voy en piloto automático?».
- «¿Cuándo estoy evitando tomar responsabilidad?».
- «¿En qué siento que la consciencia y la responsabilidad podrían ayudarme?».
- «¿Quiero seguir viviendo así?».
- «¿Vale la pena parar un momento y ver qué me ata a este tipo de relaciones?».
- «¿Por qué actúo de este modo y digo que sí a personas que sé que no me están haciendo bien?».
- «¿De dónde viene este tipo de comportamiento?».

RECONOCER LA ACEPTACIÓN

**Solamente podemos cambiar
desde el conocimiento y la aceptación
de quienes somos.**

Es difícil que nos amemos si no nos aceptamos plenamente, con nuestras virtudes y nuestros defectos. Las personas que no se aceptan viven saboteando sus relaciones y logros profesionales porque no creen merecer el amor de otros ni el éxito. La aceptación es clave para reforzar la autoestima. Obviamente, aceptarse no significa que no estemos dispuestos a mejorar o que vayamos a adoptar una actitud arrogante e irresponsable, sino empezar a comprender nuestros límites y, aun así, ser felices, responsabilizarnos de nuestros fallos y errores y juzgarnos de manera más compasiva. Significa aceptar que habrá momentos vulnerables, momentos en los que nos sentiremos perdidos, no sabremos hacia dónde nos dirigimos, sentiremos que nada está saliendo bien y no tenemos fuerzas para continuar. Sí, la vida es un ciclo en el que tendremos altibajos, y está bien no poder con todo y ser capaz de pedir ayuda. Aceptarse no significa que nos guste todo de nosotros, pero debemos reconocerlo e intentar mejorarlo. La aceptación se basa en aceptar lo que somos, nos guste o no, nuestras debilidades y fracasos, pero también las fortalezas, virtudes y habilidades. Sin la aceptación, el cambio no es posible. Practicar la aceptación no es fácil y se tiene que hacer desde el amor.

Para empezar, podemos centrarnos en nuestros **objetivos personales**, en el rumbo que queremos dar a nuestra vida, lo que queremos ser.

En este proceso, es importante que nos demos **pequeñas recompensas** por lo que vamos consiguiendo.

CÓMO EMPEZAR A ACEPTARNOS

Responde a las siguientes preguntas:

- «¿Qué me cuesta reconocer de mí mismo?».
- «¿Qué es aquello que tanto temo que descubran los demás?».
- «¿Qué estoy tratando de demostrar?».
- «¿Qué estoy rechazando?».

Estas preguntas pueden ayudarte a descubrir lo que te está frenando en el proceso de la aceptación. Sin olvidar que, si quieres aceptar algo, primero debes reconocer que está ahí, hacerlo consciente.

EMPEZAR A SER RESPONSABLES

Practicar la responsabilidad significa pensar por uno mismo y asumir las consecuencias de sus actos. Una persona no puede pensar a través de la mente de otra. Los humanos aprendemos unos de otros, pero el conocimiento implica entender, no solo imitar o repetir. No se trata solo de poner el foco en el exterior y tener unos mecanismos de copia para encajar en la sociedad o en los demás. La responsabilidad implica entender que cada acto que llevemos a cabo tiene unas consecuencias y provoca reacciones. Lo que quiero decir con esto es que pensar no es simplemente reciclar las opiniones de los otros.

Responsabilidad no significa que uno hace todo por sí mismo. Significa que cuando actúa junto a otras personas, se responsabiliza de sus actos.

La baja autoestima nos hace creer que somos responsables de absolutamente todo, incluso de lo que sucede a nuestro alrededor, y de cosas que quedan fuera de nuestro control. Responsabilizarnos significa que comprendemos y aceptamos que nosotros somos los únicos responsables de nuestros comportamientos y decisiones, así como de nuestros deseos, valores y creencias, que somos responsables de nuestra felicidad, sin olvidar el impacto que nuestras acciones pueden tener en los demás. Esta actitud nos permite dejar de culpar a los otros, tomar las riendas de nuestra vida y concentrarnos por fin en nuestras propias metas.

La responsabilidad va de la mano de la autoestima y de escucharnos a nosotros mismos para decidir qué queremos, cómo lo vamos a conseguir y empezar a luchar por ello.

PRACTICAR LA ASERTIVIDAD

Ser asertivos es alzar la voz por nosotros mismos, ser quienes somos abiertamente, tratarnos con respeto, defender nuestra posición como seres humanos y defender nuestros derechos como personas válidas. Tu vida solo te pertenece a ti y no estás aquí para vivir según las expectativas de nadie, por eso debes aprender a no abandonarte, a dar a los demás sin tener que sacrificarte y a cooperar sin traicionar tus creencias y valores.

Practicar la asertividad implica respetar nuestras necesidades, valores y sueños, buscando alternativas de comportamiento coherentes con lo que pensamos, sentimos y deseamos. Significa que nos tratamos con respeto y que nos mostramos como somos porque no sentimos la necesidad de cambiar para agradar a los demás o por miedo a su rechazo. Cuando nos esforzamos demasiado por complacer a los demás, estamos adoptando un rol pasivo y por eso, cuando hemos pasado tanto tiempo dejándonos de lado, la idea de expresar desacuerdo o de hablar de nuestras opiniones y necesidades puede resultarnos chocante.

Para ser asertivos, podemos empezar por mostrar nuestra opinión, proponer algo que nos gustaría que hicieran por nosotros, ponernos como prioridad y dejar que los demás puedan satisfacer nuestras necesidades y deseos. Expresarse y verbalizar es la única manera de poner en práctica la asertividad, ya que nadie tiene el poder de la adivinación y no podemos esperar que los demás nos ayuden cuando no saben lo que queremos.

¿Qué esperas de los demás? Una vez lo tengas claro, es momento de comunicárselo y practicar la asertividad. Este estilo de comunicación es clave para la independencia afectiva, ya que permite expresar nuestras necesidades, deseos y opiniones sin sentir hostilidad ni agresividad hacia la otra persona. ¡No hay nada malo en ello! Estamos en nuestro derecho de alzar la voz por nosotros y tratarnos con respeto. ¿Por qué te resulta tan difícil expresar tus necesidades y deseos, poner límites, decir «no»? Hacerlo no nos convierte en personas malas o egoístas, eso solo es una creencia aprendida, como lo es creer que la única forma de ser aceptado es ser altruista y no pensar en uno mismo, lo que hace que siempre demos sin reflexionar sobre si nos gusta o no nos gusta, o si realmente queremos hacerlo.

Después está el miedo al rechazo o al abandono, la idea de que en el momento en el que empecemos a dar nuestra opinión perderemos el aprecio de muchas personas. Establecer límites no es un acto que se deba hacer exigiendo u obligando a otros, es solo un modo de expresar nuestras necesidades, lo que es importante y lo que queremos hacer en ese momento, y está bien hacerlo asertiva y respetuosamente.

Se trata de respetar al otro en todo momento, pero también nuestro bienestar, nuestras emociones, nuestros sentimientos y pensamientos, de ser consecuentes con lo que pensamos, decimos y hacemos y, sobre todo, entender que, a pesar de los límites, seguimos queriendo a esa persona, una cosa no excluye a la otra.

Al poner límites no le estamos diciendo a la otra persona que se vaya de nuestra vida, sino que es una manera de protegernos ante algo que no nos apetece, no nos conviene, nos duele y nos hiere. Todos somos igual de valiosos, pero cada uno tiene el deber de saber cuál es su valor y dejar que los otros lo vean.

Aunque hay personas que quizá no verán con buenos ojos los límites, es esencial saber que en ningún caso se está haciendo algo incorrecto.

Aprende a no abandonarte.

Aprende a dar a los demás sin tener que sacrificarte.

Aprende a cooperar con los demás sin traicionar tus creencias y valores.

Más adelante hablo de límites y te daré más recursos para ponerlos en práctica.

VIVIR CON UN OBJETIVO

¿Qué estás tratando de alcanzar?

¿Cómo lo estás haciendo?

¿Cuáles son las evidencias que te indican si vas por buen o mal camino?

¿Hay nueva información que debes considerar?

¿Necesitas hacer ajustes en el trayecto, nuevas estrategias o nuevas prácticas?

Vivir con un propósito significa vivir con un alto nivel de conciencia. Requiere cultivar la capacidad de disciplina, que es básicamente la habilidad de retrasar al máximo la gratificación. Significa empezar a tener paciencia, saber que los buenos resultados tardan en llegar. Hoy en día dependemos mucho de la gratificación instantánea, estamos acostumbrados a tenerlo todo ya. Un ejemplo de gratificación instantánea sería huir cuando algo nos da miedo. Retrasar la gratificación sería sentir el miedo y hablar con él, quedarnos y atenderlo, en lugar de huir. El resultado que buscamos va a demorarse más en el tiempo, pero sin ninguna duda nos acerca al objetivo que deseamos.

El objetivo principal es la buena autoestima, pero es necesario ser más específicos en aquello que queremos trabajar semana a semana o mes a mes. Es un trabajo constante, requiere disciplina y esfuerzo, conocerse, aceptarse, tratarse con respeto, saber que no podemos controlarlo todo. Respetar nuestros límites y no conseguir lo que esperamos no nos define como fracasados. Vivimos en un mundo que se centra en los resultados, sin tener en cuenta todo lo que hay en el camino para conseguirlos.

Ponemos nuestro valor en el resultado. Si es desfavorable, parece que no ha valido la pena, cuando en realidad, lo que importa es el hecho de intentarlo, ya que nos acerca más a lo que deseamos que quedarnos sin hacer nada.

También implica ser capaces de identificar y poner en práctica todas las acciones necesarias para tomar las riendas de nuestro destino. Vivir con un propósito es utilizar nuevas aptitudes para lograr algo que nos apasiona y nos satisface. Si no hacemos nada distinto, nada cambiará. Debemos comprender que nuestra felicidad y decisiones no están a merced del azar o de otras personas, dependen de lo que nosotros hagamos. El objetivo es respetar nuestras necesidades y deseos y tratarlos como importantes, vivir según nuestras propias reglas sin sacrificarlas por las de las otras personas, saber que solo nosotros somos responsables de nuestra vida y que no somos propiedad de nadie. Cuando vivamos de acuerdo a estos objetivos, podremos proponernos lo que queramos y hacer lo posible dentro de nuestras capacidades para ir a por ello.

CONSTRUIR UNA INTEGRIDAD PERSONAL

En este punto trabajaremos para integrar nuestras creencias, valores e ideales con nuestro modo de actuar. Comportarnos según lo que creemos, siendo consecuentes con nuestras ideas y forma de ver el mundo, guiarnos por nuestras convicciones y no contradecirnos.

La clave del bienestar emocional y la paz reside en nuestra capacidad de ser coherentes con lo que pensamos, decimos y hacemos.

Para ser personas íntegras, debemos dar valor a nuestros pensamientos, creencias y valores y, así, configurar un sistema integrado por el que vivir. Respetarlo y aceptarlo. Cuando actuamos desde una baja autoestima, no somos consecuentes. Pensamos A, decimos B y hacemos C. Estamos totalmente desconectados de nuestro sistema de creencias porque actuamos basándonos en lo que los demás quieren de nosotros. Para construir una buena autoestima debemos crear un puente entre nuestra personalidad y nuestra conducta.

Comprender cómo nos afecta la baja autoestima

Creo que con toda la información que te he dado ya puedes identificar mejor cuándo la baja autoestima está presente en tu vida, reconocer su forma, cuándo aparece, qué te dice y por qué. No siempre será fácil, pero la conciencia y atención plena son esenciales para que, una vez identificada, puedas pasar al siguiente paso.

Es perjudicial vivir con una visión tan negativa de nosotros mismos, de los demás y del mundo, siempre a la defensiva, esperando lo peor. La baja autoestima incluye comportamientos como dificultad para gestionar las emociones, irracionalidad, dificultad para ver lo que sucede con claridad y objetividad, miedo a lo desconocido, actitud defensiva, necesidad de controlar a toda costa lo que sucede o, todo lo contrario, de ser complaciente. En lugar de ver la vida desde una perspectiva más real, entramos en modo supervivencia, tratando de evitar el sufrimiento en lugar de disfrutar. Entiendo que reconstruir una autoestima dañada no es tarea fácil, sobre todo porque es algo que se ha ido gestando desde la infancia y la adolescencia. Todo lo que sucede en esa época es crucial y llegamos a la edad adulta con unos patrones que no nos funcionan, ya muy arraigados.

Si nos damos cuenta, las personas con una buena autoestima saben disfrutar de la vida sin esperar lo peor de los demás, o creyendo que no merecen amor o sintiendo que todo va a fracasar. La buena autoestima nos permite contemplar la vida sin sentirnos amenazados, sin bloqueos ni maniobras de evitación. Nos inclinamos a tratar a los demás con respeto, benevolencia y justicia. No hacemos caso de interpretaciones catastrofistas sobre las relaciones, lo cual nos aleja del miedo al rechazo, la humillación o la traición.

- ¿Conoces a alguien con confianza en sí mismo, que se ama y se prioriza? Descríbelo.

Si tienes baja autoestima y te identificas con lo comentado anteriormente, te pregunto:

- ¿De qué te sirve tu comportamiento?
- ¿De qué te estás protegiendo?
- ¿Cuáles son los beneficios? Descríbelos.

Qué tiene que ver la autoestima con las relaciones

Pues bien, cuando partimos de una desventaja como es sufrir baja autoestima, lo que decidimos sobre la relación suele basarse en la necesidad y, en la mayoría de las ocasiones, genera más malestar. Existe esa dificultad para dejar ir cuando es lo que se debería hacer. Una buena autoestima, aunque también comete errores, toma malas decisiones y cae en relaciones tóxicas, permite no ser tan vulnerable ante la otra persona. Aunque le duela soltar esa relación, la persona tendrá más fuerzas para hacerlo y menos probabilidades de recaída y, sobre todo, podrá aprender de la experiencia y no repetir el mismo patrón. Este es un texto que publiqué en mi cuenta de Instagram hace un tiempo explicando el proceso de empezar a amarse:

Quiero amarme pero me encuentro en una montaña rusa de emociones. Lucho contra el miedo que me paraliza al enfrentarme a todo lo que me he aferrado durante tanto tiempo. Aparece la tristeza cuando dejo ir a las personas que me impiden crecer y estar en paz. Echo de menos a mi antiguo yo y dudo constantemente de si el lugar al que me dirijo es el correcto. Me decepciono cuando a las personas de mi alrededor no les gusta en quién me estoy convirtiendo. Siento mucha culpabilidad al poner límites y alzar la voz por mí. Creo que me estoy equivocando y pienso mil veces en tirar la toalla... y es en este momento cuando me recuerdo: «Merezco buscar en mí lo que nunca me he dado: amor». Reiré al pasado una vez vea lo lejos que he llegado.

Vas a perderte y reencontrarte tantas veces como haga falta, cada adiós, cada decepción, cada error, cada fracaso... te acerca a la meta, intentar evitarlo te separa. Una vez lo alcanzas, sientes que todo ha valido la pena.

Pasar de un diálogo negativo, autocrítico y autodestructivo a uno autocompasivo

Un ejemplo que suelo poner y ayuda es hablarnos como le hablaríamos a un ser querido. Seguramente si a un ser querido se le cae un vaso, le diríamos: «¡Vaya! Ahora lo recogemos, no pasa nada». En cambio, si nos pasa a nosotros no somos tan condescendientes: «Qué torpe eres. Se te ha vuelto a caer. Siempre igual». Alejarnos del diálogo negativo y tomar perspectiva nos ayudará a reconocer el lenguaje tan crítico que usamos y el desprecio con el que nos hablamos.

¿Cómo te sentirías si alguien te hablara así? Seguro que no sería agradable, y desde luego no querrías una relación de ningún tipo con esa persona. Pues ahora podemos entender la razón por la cual nos sentimos mal con nosotros mismos con tanta frecuencia. Estamos veinticuatro horas al día escuchando nuestra mente y todo lo que nos decimos tiene un impacto directo en cómo nos sentimos. El diálogo interior es una de las causas principales del malestar y del mantenimiento de la baja autoestima. Tratarnos bien cuesta, pero es de las tareas que dan mejores resultados, porque cuando eso mejora, el estado de ánimo cambia a nuestro favor. Estamos tan centrados en recordarnos todo lo negativo, todos los defectos, que cuando tratamos de buscar algo bueno en nosotros, tenemos que detenernos a pensar. El piloto automático está programado para martirizarnos por nuestros errores y equivocaciones, pero nos resulta extraño pensar o escuchar cosas positivas sobre nosotros.

**Todo lo que nos decimos en el día condiciona
nuestro estado de ánimo y bienestar emocional.**

Un diálogo autocrítico y destructivo merma la autoestima e impide la construcción de confianza y seguridad en nosotros. Los pensamientos no son una verdad absoluta, sino una interpretación de los hechos, lo cual significa que pueden ser muy diferentes, más reales y compasivos, si nos esforzamos. No se trata de controlar los pensamientos, sino de dar una interpretación alternativa, que sea respetuosa y constructiva, a cada frase que nos decimos.

A continuación, te recomiendo anotar lo que sueles decirte y que encaje en lo que sería un diálogo negativo autocrítico y destructivo. Al lado, piensa en unas frases autocompasivas, más reales y objetivas, como si le hablaras a tu mejor amigo o amiga.

Se trataría de cambiar un «qué imbécil soy, no se me da nada bien» por un «vaya, esto no me ha salido bien, pero no significa que todo me salga mal. No soy imbécil por eso, ni mucho menos».

Sé que has llegado a la parte más complicada y que seguramente no sabes por dónde empezar. La primera relación que tenemos que arreglar es la que tienes contigo mismo, y al igual que la comunicación es clave en las relaciones, aquí también lo es.

¿Crees que mantener un diálogo negativo y crítico hacia alguien haría algún favor a la relación? Yo creo que no. El efecto es un debilitamiento de la relación que dificulta su construcción. Pues es lo que está pasando contigo. Cuando la comunicación que estableces contigo mismo es así, nos da el motivo por el cual tienes mala relación contigo mismo.

UN TRABAJO DE VISUALIZACIÓN

Esta técnica es de lo más útil para moldear la versión que queremos de nosotros. Es decir, contamos con dos versiones, nuestra versión actual y nuestra versión ideal, la imagen a la que queremos llegar.

Es como construir dos versiones, la que tenemos ahora y la que queremos conseguir. Pero para ello es necesario definir cómo es el «yo ideal». Ahora eres tu «yo real», la persona que quiere entender qué está fallando.

Vamos a crear un «yo ideal», un yo del futuro que te vaya indicando lo que haría en las situaciones del presente.

- ¿Cómo te gustaría ser?
- ¿Cómo te gustaría sentirte en determinadas situaciones?
- ¿Cómo te gustaría actuar ante determinadas situaciones?
- ¿Cuáles son las personas con las que más te identificas?
- ¿Con qué tipo de persona te sientes a gusto, de qué tipo de persona te gustaría rodearte?
- ¿Qué tipo de relaciones te gustaría tener?
- ¿Cuáles son los objetivos que te gustaría cumplir?

- ¿Qué plan puedes establecer para cumplir estos objetivos?
- ¿Qué es lo que se quiere cambiar y/o mejorar?
- ¿Cuáles son las áreas que más atención requieren?
- ¿Cuáles son los comportamientos en los que sientes que te gustaría hacer un cambio?

Trata de definir bien a dónde te diriges, quién quieres ser, quién es esa persona a la que tanto idealizas, de la manera más específica posible. En tu día a día, en cada situación, ante cada decisión o persona, puedes recurrir a tu versión ideal para saber cómo le gustaría pensar, qué diría, cómo actuaría. Esto no solo te dará el empujón que necesitas en ese momento, sino que cada vez te parecerás más a esa persona.

- ¿Cómo se comportaría la versión ideal en ciertas situaciones?
- ¿Cómo se defendería ante las situaciones injustas?
- ¿Qué diría para poner un límite?
- ¿Qué tipo de relaciones le gustaría tener?
- ¿Cuáles son los objetivos que le gustaría alcanzar?
- ¿Cómo quiere que le vean los demás?

Visualizar bien con objetivos específicos es una manera de establecer planes más encaminados. Cuando nos ponemos metas muy generales como: «Quiero estar bien», no tenemos suficientes herramientas para definir un camino. En cambio, son los objetivos específicos como «Esta semana voy a decir que no a algún plan que no me apetezca, ya que normalmente me cuesta mucho hacerlo», los que nos animan a salir de la zona de confort y promover un cambio. Ya sabemos que es la práctica la que hace al maestro. No siempre va a salir bien, ni vamos a conseguirlo de manera inmediata, pero al menos hemos empezado a avanzar hacia aquello que deseamos.

PONER EN PRÁCTICA EL AUTORREFUERZO

En este punto el objetivo es valorar nuestros logros, habilidades, capacidades, es decir, todo aquello de lo que nos sentimos orgullosos, las cosas buenas que tenemos. Darnos la oportunidad de ver más allá de lo negativo y recordarnos lo lejos que estamos llegando. En ocasiones estamos tan sumergidos en el lado oscuro que no conseguimos ver la luz. Debemos darnos la oportunidad de agradecer nuestro lado positivo, felicitarnos por los logros, aplaudirnos por lo que hacemos bien. Y dar gracias también cuando los demás nos reconozcan lo que hemos hecho y nos lancen piropos. Cuando desvalorizamos estos gestos, estamos cuestionando la veracidad de lo que nos dicen porque nuestra visión deformada de la vida nos dice que nadie puede ver nada bueno en nosotros. Tendemos a atribuir nuestros logros a factores externos, y sin embargo nos atribuimos toda la responsabilidad por los fallos o defectos.

Si una persona decide elogiarnos por algo que hemos hecho, vamos a darle la oportunidad de hacerlo sin rechazar o minimizar sus comentarios.

El simple hecho de responder «gracias» a un halago o cumplido genera un efecto muy positivo en nosotros, porque al fin estaremos creyendo que hay algo bueno. Cuando dudamos de la veracidad de las palabras de los demás, estamos tratando de proyectar una imagen equivocada que hemos interiorizado sobre nosotros. Si una persona de verdad desea darnos la enhorabuena por algo, vamos a creerlo y aceptarlo. ¿Quiénes somos para decirle a esa persona que se equivoca? Nuestra baja autoestima no quiere escuchar algo bonito y prefiere descartarlo, no estamos acostumbrados a escuchar este tipo de afirmaciones y rechazarlas es más cómodo. Quizá nos cuesta aceptarlo porque nos sentimos vanidosos, pero recuerda aprovechar la ocasión que la vida te brinda para recibir algo bonito. Nuestra mente, que ya sabes que es poco amiga de los cambios, tratará de tergiversar la situación para que desconfiemos y es entonces cuando podemos darnos un voto de confianza y reconocer que lo hemos hecho bien.

Te reto a que durante el próximo mes digas solamente «gracias» cuando alguien te felicite o te dé la enhorabuena. Ya verás el efecto que tiene en ti.

La paradoja es que cuando nos dicen algo negativo o nos señalan algún defecto, tendemos a creerlo y aceptarlo de inmediato; en cambio, cuando es lo contrario, desconfiamos porque una parte de nosotros acepta lo negativo y desconoce lo positivo.

Si empezamos a aceptar que poseemos atributos buenos, podremos mejorar nuestra autoestima y aportar a ese depósito una mayor confianza en nosotros.

EGOÍSMO O AMOR PROPIO

Nos han inculcado la idea de que pensar en uno mismo es un acto egoísta, y que dar a los demás, complacer a los demás y olvidarse de uno mismo es lo correcto. Amor propio y pensar en los demás son dos términos que, aunque parezca que no, van unidos, por lo que es necesario buscar un término medio en el que se pueda tener en cuenta a los demás sin olvidarnos de nosotros mismos. Parece que si nos amamos y nos priorizamos no queremos a los demás. Egoísta es aquella persona que manifiesta un amor excesivo por sí misma, busca solo su propio beneficio, se centra en sí misma, lo quiere todo para sí, no siente placer al dar, solo quiere recibir, solo piensa en sí misma, no tiene ningún interés por las necesidades de los demás y lo que dicen. En resumen, que no ve más allá de su interés y se siente superior. El amor propio, en cambio, permite amarse a uno mismo, sentir respeto, aceptación, valor, a la vez que prioriza sus necesidades cuando así lo requiera la situación. Trata de reconocer hasta dónde puede dar sin perderse y sin descuidarse. Se interesa por las necesidades de los demás. Puede ofrecer ayuda de manera desinteresada y siente placer tanto al dar como al recibir. Ama a los demás porque se ama a sí mismo.

Esa es la gran diferencia. El egoísta solo piensa en sí mismo; en cambio, una persona con buena autoestima muestra interés, le importas, quiere saber de ti, no tiene esa necesidad de sentirse superior. Te ve como un igual.

Si solo nos amamos a nosotros, no podemos amar al resto porque todo se reduce a nuestro ombligo. Cuando nos amamos de manera saludable, podemos mirar hacia fuera y dar amor a los demás, sin olvidarnos de nosotros mismos.

Cuando se inicia el proceso de construir el amor propio, cualquier situación o acto donde nos priorizamos nos hace sentirnos egoístas. Estamos partiendo de lo más bajo, de un extremo, y cualquier paso nos hace sentir que nos estamos yendo al otro extremo. Pero a medida que vayamos superando estas dificultades, aprenderemos a gozar amándonos y amando, siendo respetuosos con nosotros y con los otros y, consecuentemente, de relaciones más sanas que nos hagan más felices.

Dar paso a la flexibilidad

Como hemos visto con anterioridad, otra de las características de una baja autoestima es la rigidez. Verlo todo blanco o negro, todo o nada, siempre o nunca. Nos vamos a los extremos, como en el ejemplo del egoísmo y el altruismo. La flexibilidad nos ayuda a darnos la oportunidad de entender que la vida es cíclica, hay altibajos, hay errores y aciertos, cosas que salen bien y salen mal, pero nada de eso nos define, ni determina lo que somos. Que nos equivoquemos una vez no significa que siempre vayamos a hacerlo. La flexibilidad es un trabajo que puede ayudarnos a no encasillarnos en extremos que nos desestabilizan y nos permite adaptarnos a las diferentes situaciones de la vida con equilibrio.

Ser más flexible con nuestros pensamientos significa valorar otras opciones y crear interpretaciones alternativas. Sacar conclusiones fuera de contexto, sin pruebas suficientes, nos condena al fracaso, a la frustración y la decepción e influye negativamente en nuestro desarrollo y crecimiento personal.

Es una habilidad que nos permitirá seguir creciendo a pesar de lo que pueda suceder, avanzar, aunque las circunstancias no sean las mejores, mirar hacia delante a pesar de que el momento presente no sea como quisiéramos. Significa también adoptar nuevas formas, nuevos rumbos y nuevas posturas. Adaptarnos al medio y ser flexibles con lo que ocurre a nuestro alrededor. Barajar nuevos caminos, nuevas formas de pensar y buscar alternativas son algunas de las claves para ver más allá que nos pueden proteger y evitar que quedemos atrapados en el mismo lugar.

La importancia de poner límites

Uno de los pasos primordiales para construir la autoestima y conservar nuestra independencia afectiva es empezar a protegernos, y una de las mejores formas de hacer esto es poniendo límites y aprendiendo a decir «no». Como hemos visto, una baja autoestima se caracteriza por la necesidad exagerada de complacer y buscar aprobación externa.

Imagínate que en tu casa no hay ninguna barrera, ni alarmas, ni puertas. En un mundo ideal, seguramente no ocurriría nada. Por desgracia, en la mayoría de los países esa casa sería objetivo fácil para robos y allanamientos. Esa casa somos nosotros sufriendo una baja autoestima. Nos es difícil cerrar la puerta, poner barreras y alarmas, porque sentimos que hacer algo así es injusto para los demás. Es como cerrarnos al exterior. Pero ¿es lo más lógico cierto? Cuando añades sistemas de protección en tu hogar, las probabilidades de ataque son menores (aunque no cero) y podemos decidir a qué personas queremos dejar entrar. Cuando andamos por la vida sin ninguna medida de protección, somos más propensos a recibir ataques no deseados por esa dificultad para cerrar puertas, poner alarmas y barreras.

No podemos controlar el exterior, ni las intenciones de los demás, pero al igual que el ejemplo de la casa, cuanto más nos protejamos, más seguros estaremos y mayor bienestar y tranquilidad podremos sentir.

Ahora te pregunto: ¿cuáles son los sistemas de seguridad que implementas en ti? Poner límites y decir «no» es la mejor compañía de seguridad que puedas contratar.

Un buen sistema de seguridad nos puede alejar de la casa a esas personas que merodean sin sumar nada. Alejar a todo aquel que moleste sin aportar beneficios.

¿Todavía no tienes claro por qué es necesario establecer límites?

Veamos las razones. Nuestra salud mental está estrechamente relacionada con los límites que imponemos. Los límites nos dan la posibilidad de decir a los demás cómo queremos ser tratados y qué estamos dispuestos a tolerar. Son una forma de proteger nuestra autoestima, ya que nos permiten saber cómo actuar ante situaciones o personas que tratan de propasarse.

¿Cómo te sentirías en una casa sin puertas? Seguramente intranquilo e inseguro. Tu salud física se vería comprometida, al igual que tu salud mental. En este caso funciona de manera similar. La entrada será libre para todo aquel que quiera entrar, y no podremos hacer nada. Cuando tenemos claros los límites y su función, estamos mostrando a los demás cómo queremos ser tratados (que no siempre va a ser igual para todo el mundo) y qué estamos dispuestos a tolerar. Podremos proteger nuestra autoestima porque sabremos cómo actuar ante situaciones o personas que tratan de sobrepasar los límites. Si alguien entra en la casa sin nuestro permiso, saltará la alarma. Nadie mejor que nosotros para saber qué nos ayuda y qué no. Tenerlo claro y expresarlo cuando alguien no nos hace sentir bien no solo ayuda a nuestra salud mental, sino a nuestra autoestima.

Si creemos que somos personas merecedoras y totalmente válidas, nos estaremos dando un voto de confianza. Pondremos valor a nuestra propiedad y marcando los requisitos para entrar.

Una persona no deseada puede condicionar lo que pensamos, tanto de la vida como de nosotros mismos. Puede entrar en nuestra casa y destruirla, porque de una manera o de otra, le estaremos dando la entrada sin casi resistencia. No estoy diciendo que si aparece en nuestra vida una persona destructiva y malvada sea porque no hemos hecho lo suficiente por alejarla.

Por desgracia, a pesar de los límites, algunas personas que se crucen en nuestro camino intentarán destruirnos. Eso no significa que no hayamos hecho lo suficiente.

Expresar cómo nos sentimos es clave, aunque la otra persona no llegue a entendernos. Desde una baja autoestima, nuestros derechos se quedan en un segundo plano. Habrá personas que no entiendan nuestras decisiones, no quieran saber las razones y no les importe cómo nos sentimos, pero eso no significa que seamos menos válidos.

Cuando no nos sentimos seguros ante determinadas personas y situaciones, se pone en jaque nuestro bienestar, nos sentimos desestabilizados, y los límites nos ayudan a marcar el territorio.

Muchas situaciones requieren límites. No siempre podemos adaptarnos y complacer a los otros, por muy extraño que nos pueda parecer si venimos de una familia en la que esta ha sido la única manera de recibir amor. Si al mirar por los demás descuidamos una parte de nosotros, estaremos dañando nuestra autoestima. Si dejamos de sentir paz por cuidar a otra persona, nos estamos olvidando de nuestro amor propio. No siempre podemos controlar cómo responden los otros o evitar su reacción. Es entonces cuando más firmes debemos mostrarnos con los límites, actuando desde el autorrespeto y el interés propio más puro. No siempre podemos adaptarnos a los demás, pero la prioridad debería ser estar en paz con nosotros mismos. Si alguien se opone a los límites que empiezas a poner seguramente será porque se estaba aprovechando de ti. Tú, tus emociones, creencias, valores y pensamientos importáis. Puede ser difícil aceptarlo, pero los límites son importantes, y quien no lo respete quizá no merezca nuestra atención. Seguro que podremos establecer relaciones más saludables en las que no estemos comprometiendo lo que somos para mantener a personas que no tienen en consideración lo que es importante para nosotros.

Debemos construir y conservar nuestra integridad personal. Al aceptar a todo tipo de personas en nuestra vida, se nos dificulta el proceso de escucharnos y entender qué es importante. Estamos tan pendientes de gustar a los demás, encajar y que nos validen, que desatendemos quiénes somos. El autoconocimiento pasa a ser un desconocido para nosotros, e incluso un enemigo. Sentimos que no podemos «exigir» nada, que no somos lo bastante válidos para que alguien lo acepte. Cuando existe una carencia de límites, es más probable que se establezcan relaciones poco saludables, como en el ejemplo de la casa. Sin protección, somos más vulnerables y más personas pueden aprovecharse de esa «libertad» que les estamos dando sobre nosotros.

Las siguientes preguntas pueden ayudarte a recapacitar sobre los momentos en los que es idóneo establecer límites para tu bienestar emocional:

- ¿Cuándo ha llegado tu límite?
- ¿Cuáles son aquellas situaciones del pasado en las que te hubiera gustado expresar tus límites?
- Si ocurrieran de nuevo estas situaciones, ¿cómo te gustaría actuar?
- ¿Con qué persona aparece malestar y cuándo?

Cómo empezar a poner límites

Para comenzar, trataremos de detectar las situaciones o personas que han dificultado nuestro crecimiento y desarrollo, que nos impiden mostrarnos como somos y que nos generan malestar. Solemos ir en piloto automático y no nos fijamos en los mensajes que nuestro cuerpo nos está enviando, como, por ejemplo, el malestar por no haber puesto límites.

Te recomiendo lo siguiente:

- Haz una lista de todas esas situaciones que en el pasado te han podido molestar y así verás qué puedes hacer a partir de ahora. Recuerda que sigues queriendo a esa persona que no te ha hecho bien a pesar de necesitar distancia, que no es egoísta poner un límite o decir «no». Eso no significa que no quieras saber nada de ella o que no la quieras ni quieras verla nunca más, sino que cuando aprendas a ser consciente de esas situaciones y hayas identificado a las personas a las que necesites poner un límite o decir «no», podrás empezar a practicar la asertividad, expresarte y tratar de nuevo con ellas.

• Practicar frases asertivas que te ayuden en los momentos en los que debas poner un límite, así te sentirás más seguro y confiado. La asertividad será nuestra gran aliada cuando empecemos a establecer límites. Es un estilo de comunicación que nos ayuda a expresar nuestros deseos y necesidades de forma honesta, directa, adecuada y franca sin atentar contra los demás. Los puntos clave de este estilo de comunicación son expresar cómo nos sentimos, comunicar el cambio que queremos y especificar las consecuencias, es decir, lo que ocurrirá, tanto si se cumple como si no. Tener claro el objetivo que perseguimos, como, por ejemplo, que se tenga en cuenta nuestra opinión o se sepa que un comentario nos ha hecho daño y nos gustaría que no se repitiera.

Aquí te dejo algunos ejemplos de límites que te ayudarán.

✓ «Me gustaría que respetaras mi decisión. Gracias».

✓ «Yo no te estoy faltando al respeto, me gustaría que tú hicieras lo mismo».

✓ «Entiendo que quieras contar conmigo, pero de verdad que no puedo ayudarte».

✓ «Entiendo que tus necesidades sean importantes para ti, pero las mías también lo son, así que agradecería que se tuvieran en cuenta».

✓ «Mi opinión es válida y también merezco que se me escuche».

✓ «Este comentario no me gusta nada. Agradecería que no lo volvieras a hacer».

✓ «Para mí es importante que no cuestiones mi realidad. Sé lo que he visto y de lo que hablo».

✓ «Ya que veo que no estás respetando mi opinión, lo haré por mí mismo».

> Los límites son una parte de nuestro autocuidado. Son saludables, normales y necesarios.
>
> DOREEN VIRTUE

EMPEZAR A SOLTAR Y DEJAR IR

A pesar de lo que pueda costar, liberarnos de relaciones que no aportan nada bueno a nuestra vida nos dará mucha paz. Eso no significa que estas relaciones sean abusivas, dañinas o tóxicas, o que sean personas nocivas. A veces cuesta entender que no solo nos alejamos de lo que nos daña, sino de lo que no encaja con nosotros. Es momento de protegernos, de entender que nos encontramos en un momento vulnerable y que cualquier cosa del exterior puede afectarnos más. Alejarnos nos protege de todo lo que nos hacía sentir mal y que durante tanto tiempo hemos aguantado sin ser conscientes. Cuando nos aferramos a alguien que no nos ayuda es necesario hacer ese trabajo de introspección para entender el porqué, la experiencia emocional, ser conscientes de si existe dependencia y trabajar el desapego.

DECIR «NO»

Hay que empezar a decir «NO» cuando realmente se quiere decir «NO». Cuando decimos «SÍ» pero realmente queremos decir «NO», generamos una pequeña herida en la autoestima.

Cuando nos hemos pasado la vida sirviendo a los demás y complaciéndolos, descuidando lo que es importante para nosotros, llega un punto en el que mirar por nuestro bienestar emocional y nuestra felicidad nos resulta extraño.

Estas frases sobre cómo decir «no» quizá pueden ayudarte:

- ✓ «Agradezco tu invitación, pero en este caso voy a decirte que no».
- ✓ «Estoy mejor así, gracias».
- ✓ «Muchas gracias por contar conmigo. Desafortunadamente hoy no puedo asistir».
- ✓ «Gracias, pero prefiero quedarme en casa».
- ✓ «Lo agradezco, pero de verdad que hoy no me siento bien».
- ✓ «Prefiero que no insistas, porque quiero mantener mi "no"».
- ✓ «Agradezco que te hayas tomado el tiempo, pero en esta ocasión no voy a poder hacerlo».
- ✓ «Esto no es para mí. En otra ocasión lo consideraré».

Para la construcción de la autoestima lo primero es familiarizarnos con las palabras «adiós» y «no». Escucharnos, hablar con nosotros mismos y tener claro qué nos preocupa. En ese momento, nos daremos cuenta de que es mucho mejor dejar ir, aunque duela, y cuanto antes, mejor.

Qué eliges, ¿perderte a ti o perder a una persona?

Nos han enseñado a ir en una dirección, sin preguntarnos si es lo que queremos. Creemos que es lo correcto porque así nos lo han hecho creer. Sin embargo, empezamos a sentir que no encajamos y sentimos la necesidad de justificar nuestro malestar. Como si estuviéramos entre el bien y el mal. Dudamos de nosotros y ponemos el foco en el exterior, en lugar de mirar hacia dentro. Cuando damos demasiada importancia a buscar en los demás lo que nos damos nosotros, llega la inestabilidad. Y nos sentimos las peores personas del mundo cuando se nos pasa por la cabeza alejarnos de una persona o declinar alguna petición.

Al tiempo que aprendemos a establecer límites, podemos aprender a salir, siempre y cuando la culpa y el temor no nos lo impidan. Es un acto de amor propio que te permitirá disfrutar de mejores relaciones, contigo y con los demás, así que, ¿por qué no empezar a practicarlo?

9

Traumas y heridas de la infancia

Un trauma es el impacto psicológico que una vivencia emocionalmente muy dolorosa deja en nuestra memoria emocional. Significa «herida», «daño» o «conmoción». A veces, pasamos por experiencias que nos hieren tanto que somos incapaces de recordarlas sin sufrir un gran malestar, e incluso tienen el poder de desestabilizarnos cada vez que surgen en nuestra conciencia, afectando a nuestra calidad de vida. Los traumas pueden ser interiorizados a cualquier edad, pero se ha observado que los que tienen lugar en la infancia resultan especialmente problemáticos, e incluso pueden permanecer latentes durante mucho tiempo para luego surgir en la adolescencia o en la adultez.

No obstante, no todos los traumas son el resultado de un episodio puntual. A veces se produce un «trauma acumulativo», que es el resultado de haber estado expuestos durante un largo periodo de tiempo a situaciones que no hemos logrado asumir ni gestionar. En este grupo se incluye un rango muy amplio de experiencias que abarca desde las dificultades en el apego o en las relaciones, hasta el maltrato, la negligencia o el abuso físico o sexual. El trauma supone una amenaza para la integridad física o psicológica y tiene en ella un efecto negativo duradero. Por esta razón, situaciones como la pérdida de empleo, o de una pareja o un ser querido, que suelen provocar un gran sufrimiento en nosotros, pueden incluirse también en la categoría de eventos traumáticos.

Cómo saber si sufres un trauma

Después de experimentar un episodio traumático, nuestro cerebro entra en shock y lo más usual es que recordemos lo que pasó una y otra vez. También puede ocurrir que nuestra mente consciente lo borre, lo cual nos hará pensar que no ha dejado secuelas. Esto ocurre cuando el trauma es demasiado doloroso, por lo que se activa un mecanismo de disociación para evitar que suframos demasiado, aunque eso no significa que no se haya producido. En estos casos, las emociones nos desbordan y las vivencias traumáticas no se integran en nuestro «yo», sino que permanecen activas a nivel inconsciente y se manifiestan a través de problemas psicosomáticos, preocupaciones o comportamientos disfuncionales.

Las experiencias traumáticas nos abruman, hasta tal punto que rompen nuestro equilibrio psicológico, aunque lo que puede ser una vivencia traumática para algunos no lo será para otros. Obviamente, existen algunas situaciones traumáticas que tienen un gran impacto emocional en la mayoría de las personas, como el maltrato físico o psicológico, un accidente, los abusos, la muerte de una persona muy cercana y las enfermedades que dejan graves secuelas.

No obstante, es un tema delicado y si de verdad te identificas con este punto, te recomiendo buscar ayuda profesional para tratar el caso de manera individual.

Cómo afecta un trauma a la autoestima

Los traumas hacen que nos sintamos mal con relativa frecuencia y en situaciones inesperadas, y provocan una sensación de indefensión y vulnerabilidad que no se puede controlar. Tenemos dificultad para hacer frente a ciertas situaciones y ser responsables porque psicológicamente no estamos preparados. Además, el trauma se caracteriza por arrastrar emociones desadaptativas, muy intensas y desagradables, como, por ejemplo, el sentimiento de culpa por lo ocurrido en la experiencia traumática que se vivió.

Se asume como una losa y con resignación, y propicia sentimientos de desesperanza. Tendemos a ser pasivos, por lo que no se suelen tomar medidas para cuidar la salud mental. El autoconcepto se daña drásticamente, creando un sentimiento de indefensión, culpabilidad, baja confianza en nosotros mismos y la sensación de necesidad de protección. Aparecen dificultades para afrontar la vida con seguridad debido a la carga de una herida emocional que no se quiere mostrar para evitar que se haga más grande.

Por eso es tan importante acudir a terapia, para contar con un apoyo externo que pueda proporcionar las pautas y las estrategias que seguir desde una mirada global ante el problema.

Heridas de la infancia

Cuando las heridas no sanan correctamente, nos acompañan durante toda la vida y eso se refleja en nuestra autoestima y en nuestras relaciones afectivas y el modo en el que nos relacionamos. Estas lesiones afectivas nos impiden desarrollarnos plenamente, ya que su activación nos incapacita para afrontar las diferentes situaciones de la vida. Pasarán a formar parte de nuestros pensamientos, emociones y conducta cuando seamos adolescentes, jóvenes y adultos, de acuerdo a los pensamientos que sembraron en nosotros. Sentirlas es doloroso, pero, a la larga, no saber que están o querer taparlas sin sanarlas lo será mucho más.

Por ello es tan necesario hacer un trabajo de introspección para empezar a sanar desde dentro, es decir, conocernos en profundidad, hacer un alto en nuestra vida activa, reflexionar sobre nosotros, sobre lo que hemos vivido desde que éramos pequeños, aprender a procesar los pensamientos y emociones desadaptativas. Así sanaremos nuestra autoestima y nos sentiremos mejor, despertaremos a nuestra conciencia aceptando que somos personas valiosas, con talento, personas auténticas, capaces de aportar cosas buenas a nuestra vida y la de los demás, con un potencial enorme para hacer lo que nos propongamos.

Las cinco heridas más comunes son:

Herida de abandono: Dificultad para manejarse por uno mismo y hacer o decidir solo. Se pide el consejo o la opinión de otras personas e incluso se finge incapacidad para recibir ayuda, pero no porque no se sepa o se pueda hacer algo. Temor a la soledad que provoca un profundo temor a poner fin a las relaciones. Se busca la presencia y la atención de los demás. Se necesita, sobre todo, el apoyo del entorno. Se sufre con frecuencia una tristeza profunda sin una causa justificada.

Herida del rechazo: Convicción de que no se vale nada e insatisfacción con uno mismo. La persona se tiene por alguien de poca valía y sufre de baja autoestima. Piensa que, si no existiese, no supondría una gran diferencia. Se siente aislada e incomprendida. Miedo a molestar o no resultar interesante.

Herida de la injusticia: Se tiene miedo de perder el control y parecer imperfecto a los ojos de los demás. Necesidad de mostrarse vivo y dinámico, aunque se esté agotado. Raramente se reconoce que se tienen problemas o que algo molesta. Si se admite un problema, enseguida se lo minimiza. La persona dice poder arreglárselas sola o resolverlo por sí misma. Es una gran optimista y siempre quiere parecer positiva. Se controla para parecer perfecta y responder al ideal que se ha fijado o que cree que los demás tienen. Muestra muy de vez en cuando sus sentimientos porque no sabe gestionar su gran sensibilidad. Antes de darse un capricho, debe merecérselo por haber hecho un buen trabajo. Se fuerza, quiere mejorar su rendimiento y no respeta sus límites. Todo debe estar justificado y ser justificable. Cuando le sorprenden con las manos en la masa, necesita justificarse. Puede llegar a mentir e incluso preparar las justificaciones por adelantado.

Herida de la humillación: Persona que ha sido humillada por uno de sus progenitores por haber experimentado placer con sus sentidos. Es por eso por lo que se cree con el deber de servir a todos a los que ama y siempre los antepone a sus necesidades. Se contiene con frecuencia. Ha aprendido que no tiene derecho a decir cosas que puedan perjudicar a otros. Incluso puede llegar a justificarlos. No quiere reconocer ni su sensualidad ni su amor por los placeres asociados a los sentidos. Rechaza los impulsos vinculados con los sentidos: tiene miedo de pasarse de la raya y sentir vergüenza. También teme ser castigado si disfruta demasiado de la vida. Suele tener historias relacionadas con la sexualidad en su infancia o adolescencia. Se las apaña para no estar libre ya que, para él/ella, «estar libre» significa «no tener límites y sentir demasiado placer». Limita de este modo su libertad anteponiendo las necesidades de los demás a las suyas, por lo que le falta tiempo para disfrutar de la vida.

Herida de la traición: Hace lo imposible por convencer a los demás de que tiene una fuerte personalidad. Usa sus cualidades de liderazgo para imponer su voluntad. No está en contacto con su propia vulnerabilidad y busca mostrarse fuerte. Quiere que los otros sepan de lo que es capaz. Se esfuerza para que lo consideren una persona responsable. Cree que ser responsable es ser el líder. Encuentra fácilmente la manera de que no lo acusen. Busca ser especial e importante. Busca los honores y los títulos, y acapara mucho la atención dentro de un grupo. Cuando delega, exige que todo se haga a su manera y a su ritmo para mostrarse superior e importante. Verifica continuamente por falta de confianza. Le gusta tenerlo todo previsto para controlar mejor. No soporta que alguien venga a deshacer sus planes. Le resulta difícil aceptar los imprevistos. Busca mostrarse independiente para no despertar su miedo a la separación, es decir, al abandono.

QUÉ HAY DETRÁS DE CADA HERIDA

El ego está tan aterrado cuando oye hablar de heridas que hace lo posible para que no comprendamos o malinterpretemos aquello que oímos o leemos.

Nos ponemos una máscara tras la activación de una herida —por nosotros o por otra persona— con el fin de protegernos, lo que impide que la herida sane. El ego nos juega una mala pasada haciéndonos creer que no sufrimos heridas y está convencido de que si las niega nos harán menos daño. Hacemos lo posible por ignorar las heridas y sobre todo por no sentirlas; creemos que los demás no se darán cuenta. Es siempre nuestra percepción o nuestra interpretación de los hechos lo que causa nuestro sufrimiento, no lo que otra persona haga. Lo más triste es que dejamos que nuestro ego nos convenza de que nos está ayudando a sufrir menos cuando, en realidad, ocurre todo lo contrario. El método favorito del ego para evitar que sintamos el sufrimiento generado por una herida es incitarnos a ponernos una máscara cada vez que la herida se activa. El ego sufre por culpa de sus deseos no satisfechos, y también por miedo a que se cumplan y evita constantemente cualquier cambio o avance.

Cómo sanar las heridas de la infancia

Para empezar a sanar nuestra autoestima, nuestro interior y conocernos mejor, tenemos que ser conscientes de lo que causó el daño.

Es importante ser conscientes de las situaciones en las que aparece la herida y cuándo se activa. Sin esta consciencia no hay posibilidad de cambio. Se trata de quitarse la venda de los ojos, porque seguir tapando la herida no hará que sane y, sobre todo, evitar ponernos la máscara para eliminar el sufrimiento.

Lo mejor es aceptar la herida por muy doloroso que sea, ya que significa que podemos identificar las situaciones que nos hacen daño y experimentar las emociones que se presentan.

También hay que responsabilizarse de la herida y perdonarnos. Aprender a sobreponernos desde el cuidado y la comprensión, normalizar los sentimientos de enfado, decepción, frustración y tristeza cuando pensamos o estamos junto con las personas que crearon esa herida o en las situaciones en las que se activa. No querer sentir «porque está mal» solo sirve para agravar la herida y puede desembocar en un estado de resentimiento y odio.

Vale la pena quitarse la máscara de supuesta protección, ya que, en la mayoría de las ocasiones, es la percepción o la interpretación de los hechos lo que causa el sufrimiento, no lo que otra persona haga.

Una vez hemos identificado y aceptado las heridas, reconociendo cuándo se activan y dejando el ego y sus máscaras aparte, podremos ver que han estado dirigiendo nuestra vida para evitar el sufrimiento, en lugar de permitirnos disfrutar.

Puedes aprender a vivir con tus heridas sin que estas te controlen y vivir de acuerdo con quien eres y empezar a retomar el control de tu vida.

Recomiendo hablar con nuestro niño interior. En la infancia no podíamos protegernos, no contábamos con los recursos que tenemos ahora y quizá las personas que nos tendrían que haber protegido fueron las que nos hirieron. Es esencial recurrir a ese niño interior y decirle que puede salir, que nadie va a hacerle daño, lo que sucedió en el pasado no fue culpa suya, y no es justo que siga tratándose como le trataron. A partir de este momento, nos hacemos responsables de nuestro niño interior. Imagínate como si fueras tu madre o tu padre, dispuesto a amar, educar y ayudarle a construir pensamientos, emociones saludables, ayudarle a evolucionar de una forma amorosa y productiva. Verás qué sanador es.

- ¿Crees que hay alguna herida en ti?
- ¿Está el ego presente en algunas situaciones de manera reiterada?
- ¿Cómo crees que la herida está afectando a tu bienestar emocional y salud mental?
- ¿Qué es lo que te duele aceptar de tu herida?

10

Antes de iniciar una relación

El amor infantil sigue el principio: «Amo porque soy amado». El amor maduro sigue el principio: «Soy amado porque amo». El amor inmaduro dice: «Te amo porque te necesito». El amor maduro dice: «Te necesito porque te amo».

NATHANIEL BRANDEN

QUÉ DEBES SABER ANTES DE INICIAR UNA RELACIÓN

Hay cosas importantes que debes saber antes de iniciar una relación y quiero explicarte por qué.

Mucha gente siente que tener pareja es una obligación, una necesidad vital y una forma de completarse como persona. Estos estigmas nos llevan a buscar relaciones que son poco fructíferas, no son sanas y no van a ningún lado. Sin embargo, no siempre somos conscientes de ello, porque nos movemos tratando de satisfacer una necesidad. No voy a centrarme en cómo hacer que una relación sea más duradera. De lo que se trata es de que, dure lo que dure, la disfrutemos plenamente de la manera más sana posible sin dejar de ser quienes somos. ¿Qué es lo que quieres? ¿Qué buscas? Cuando nos planteamos una relación, es importante que sepamos definir lo que queremos. Hazte las siguientes preguntas: «¿Quiero algo serio? ¿Prefiero algo más temporal? ¿Quizá un rollo? ¿Me apetece tener solo encuentros sexuales? Si quiero algo serio, ¿cómo me gustaría que fuera esa persona? ¿Cuáles serían sus valores, sus gustos, sus principios, rasgos de personalidad que más conectan conmigo?».

Cuando buscamos sin saber lo que queremos, tenemos más probabilidades de topar con relaciones que no sean lo que de verdad buscamos.

Hemos podido comprobar el daño que puede hacernos una relación, y por eso es primordial que hagamos un trabajo previo en nosotros y seamos más exigentes con las personas con las que establecemos un vínculo más cercano.

Al igual que una relación puede ser maravillosa, también puede ser destructiva.

Eso no significa que debamos ir con una lista de requisitos como si fuéramos al supermercado, pero lo cierto es que saber lo que buscamos y lo que mejor encaja con nosotros nos asegura una mejor relación, tanto con nosotros como con los demás.

Este punto de autoconocimiento es esencial para poder ser claros con nosotros mismos y transmitirlo a la persona con la que vamos a iniciar la relación. De este modo, por ejemplo, si queremos algo serio pero la otra persona solo nos ofrece encuentros sexuales de vez en cuando, podremos sincerarnos y comunicarle que preferimos algo diferente y sabremos dejarlo ir. Si sabemos lo que buscamos, no nos dejamos llevar, vamos con un pie por delante teniendo claras nuestras preferencias y evitando desarrollar apego. Cuando desconocemos lo que queremos, solemos inclinarnos por las preferencias de la otra persona, e ignoramos las nuestras.

¿Qué esperas? Saber lo que esperas de una persona o una relación es crucial para una buena comunicación y para saber si vas en la dirección que quieres. Recuerda que la otra persona no te conoce, no sabe nada de tus necesidades ni tus deseos, no sabe lo que quieres o esperas de ella. Si no nos lo planteamos, es imposible que podamos transmitírselo.

Pregúntate: «¿Cómo espero sentirme en esta relación? ¿Cómo me gustaría enfocar esta relación? ¿En qué me gustaría que se centrara la relación?».

Decir las cosas claras desde el principio puede evitar malentendidos, que la relación se rompa por falta de comunicación o que se alargue de manera inadecuada. Empezar una relación con las bases claras ayuda a que se establezca de un modo más firme y seguro, con mayor claridad y estabilidad.

Es importante ser conscientes de que cuando se inicia una relación las heridas del pasado la afectarán. Ya hemos señalado que cada una de nuestras heridas dirige nuestras relaciones y dificulta un apego seguro. Actuamos evitando eso que tanto tememos, pero no desde la tranquilidad. Vale la pena ser conscientes del efecto que tienen en nosotros, sanarlas y trabajarlas con herramientas y recursos. Eso no quiero decir que no podamos entrar en una relación estando heridos; somos humanos y todos tenemos alguna que otra cicatriz. Pero tenemos que identificarlas y responsabilizarnos de ellas; de lo contrario, perjudicarán a la relación o, peor aún, la herida se hará más grande.

Otro punto fundamental es que, cuando en el pasado hemos sufrido fracasos amorosos e infidelidades, vemos el futuro de la relación con desconfianza y negatividad, creemos que estamos destinados a que nuestras relaciones fracasen y a que nos hagan daño. Normalmente caemos en este tipo de relaciones porque seguimos con el mismo patrón, un patrón inconsciente que ha condicionado nuestra vida amorosa. Creeremos que es mala suerte o que nuestro destino es fracasar en el amor, pero lo que sucede es que o bien no estamos preparados emocionalmente o es que nos atraen personas que no nos dan lo que buscamos porque no sabemos qué es.

Prueba con darte un margen de error, la oportunidad de fracasar y aprender, de sentir el rechazo, sentir la soledad, conversar desde lo más profundo y entenderte. Darte el tiempo y espacio para conocer a la otra persona sin miedos ni barreras. Se trata de vivir las relaciones de manera más libre.

**Hacerse las preguntas adecuadas nos ayuda
a encontrar la respuesta correcta.**

Como no nos gusta aceptar la realidad, hacemos lo posible para enmascararla con las preguntas equivocadas. Nuestro cerebro es capaz de hacer una gimnasia mental increíble para hacernos creer que vale la pena continuar. Es difícil ver la realidad y aceptar que «no funciona» o que esa persona no nos satisface emocionalmente.

Te propongo cambiar un poco las preguntas para acercarte a la aceptación:

- En lugar de: «¿Y si no le gusto?», pregúntate: «¿A mí me gusta?».
- En lugar de: «Quiero que me elija», pregúntate: «¿Me estoy eligiendo a mí primero?».
- En lugar de: «Me gustaría que valorara lo que hago por la relación», pregúntate: «¿Por qué estoy en una relación donde no se me valora?».
- En lugar de: «Quiero que todo vuelva a ser como al inicio», pregúntate: «¿Por qué no puedo aceptar que el momento presente no es como yo quiero?».
- En lugar de: «Si se diera cuenta del daño que me hace, dejaría de hacerlo», pregúntate: «¿Para qué estoy con una persona que me hace daño?».
- En lugar de: «Si lo intento una vez más, seguro que todo irá bien», pregúntate: «¿Por qué tengo que sobresforzarme cuando la relación es de dos y no puedo hacerlo todo yo solo?».
- En lugar de: «Voy a sacar mi mejor versión siempre para que se dé cuenta de a quién tiene a su lado», pregúntate: «¿Por qué no puedo mostrarme tal como soy en la relación?».
- En lugar de: «No es que pase de mí, es que seguro que tiene otras cosas que hacer. Le esperaré», pregúntate:

«¿Por qué estoy a la espera de una persona que no valora el tiempo que le ofrezco?».

* En lugar de: «Me dice de quedar cuando le va bien, y yo me adapto», pregúntate: «Pero ¿es esto lo que me hace sentir bien, es lo que quiero?».

BANDERAS ROJAS

Es importante identificarlas desde los primeros momentos de la relación para evitar daños mayores.

La expresión «banderas rojas» viene del inglés *red flags*, que no son otra cosa que señales de alerta, en este caso, actitudes o comportamientos que nos dan un aviso.

Puede hacer referencia a un comportamiento que no nos acaba de gustar pero que podemos negociar con la pareja, o algo que no se puede negociar y que es esencial no pasar por alto.

En las banderas rojas incluimos desde las ideas políticas del otro hasta cuánto tiempo pasamos juntos, depende de lo que sea importante para ti. En el caso de que se pueda negociar («negociables»), lo más recomendable es hablarlo y establecer un límite. En el caso de que no se pueda negociar («no negociables»), habrá que tomar una decisión.

El inicio de una relación es siempre una especie de negociación, y a medida que nos vamos conociendo, vamos estableciendo acuerdos. Algunos son aceptados sin problema y otros pueden ser motivo de discusión. Para cada persona las banderas rojas pueden ser diferentes. Puede que para mí sea que no le guste viajar, pero para ti no.

Todo lo que aprendiste en el capítulo de las relaciones tóxicas no es negociable en ninguna relación, porque son conductas que dañan. Sin embargo, en este punto, puede haber otro tipo de conductas diferentes para cada persona que no tienen por qué ser dañinas. Es importante recordar que todo lo que se ignora al inicio de la relación es lo que a la larga la va a dañar. De ahí la relevancia de saber detectar posibles problemas y tomar una decisión a tiempo.

Así que te recomiendo un ejercicio. Elabora una lista con dos columnas: negociables y no negociables. Lo ideal es escribir lo que es una bandera roja (una señal de alerta) y si se puede negociar o no. Que sea negociable significa que se considera una negociación, que estamos dispuestos a comunicarlo, a ser flexibles y a que la otra persona pueda escucharnos y aceptarlo.

Lo que hoy es negociable puede que mañana no lo sea. En ocasiones es el tiempo el que dirá qué cambios son necesarios. No me gustaría que te quedaras con la sensación de que se tiene que ir con pies de plomo y mantener una actitud rígida al inicio de una relación. En absoluto. Simplemente, ten en cuenta que, si aparece una bandera roja, no debes dejarla pasar. Hay que abordarla antes de que pueda dañar la relación.

Te pongo un ejemplo personal:

Mis negociables:

- No le gusta viajar pero está abierto a hacer alguna que otra escapada conmigo y no le importa que viaje sola cuando quiera.

- Que le cueste expresarse en algunos aspectos, pero que esté dispuesto a trabajar en ello y hacerlo más a menudo dentro de sus capacidades.

Aunque me guste que sea una persona viajera, respeto que no comparta la misma afición y a la vez aprecio que se anime a probarlo. También entiendo que no pueda expresarse emocionalmente como yo, pero el simple hecho de ver que es algo en lo que quiere trabajar me tranquiliza.

Mis no negociables:

- Que no sea una persona coherente.
- Que no cuente con habilidades básicas de la comunicación como, por ejemplo, que tenga dificultades para ser transparente y honesto.

Si pasa el tiempo y veo que estas situaciones se presentan de manera reiterada, prefiero no continuar con la relación; para mí, la comunicación, la transparencia y la honestidad son pilares demasiado importantes. Además, no me veo pidiendo o exigiendo un mínimo de comunicación o teniendo que sacarle las palabras. Si estas cosas no están desde el principio, lo siento pero no es para mí.

De nuevo, este es mi caso y no tiene por qué ser el tuyo. Este ejercicio tiene el objetivo de ayudarte a establecer relaciones más sanas poniendo tu valor por delante. Puedes ser más o menos exigente, más o menos específico, más o menos flexible, así que, **ahora te toca a ti**.

Razones por las cuales quieres estar en pareja

Cuando actuamos por necesidad, tendemos a elegir lo primero que encontramos, pero cuando es por deseo, las elecciones son más acertadas porque se tienen en cuenta muchos otros factores.

La calidad de nuestras relaciones, y no solo las del ámbito amoroso, influye en gran medida en nuestro bienestar emocional. Elegir bien es primordial si queremos cuidar de nuestra salud mental.

En el momento en el que elegimos por miedo, por llenar vacíos o por cumplir ciertas expectativas, nos perdemos a nosotros mismos en todos los sentidos.

El hecho de centrarnos demasiado en los demás y en las relaciones hace que descuidemos nuestras necesidades emocionales, dejándonos siempre esa sensación de soledad y de insatisfacción que, aunque creamos lo contrario, no dejaremos de sentir si seguimos inmersos en el caos que otras personas nos proporcionan. No querer estar a solas con nosotros mismos significa que nuestro cuerpo no es un espacio seguro y fiable. No tener pareja no es el fin del mundo, creer que sí es lo que hace que iniciemos o alarguemos relaciones malsanas. Pensar que tener pareja es lo único que hará que nos sintamos «menos solos» puede desembocar en la dependencia y el miedo a la soledad.

> **Estar con la persona equivocada puede hacer que nos sintamos más solos que nunca.**

Como he dicho varias veces, amar es una elección que se toma diariamente. Vale la pena recordar que es imposible no sufrir en una relación, ya que siempre habrá enfados, discusiones, desacuerdos, crisis, malentendidos..., pero a estas alturas del libro espero que haya quedado claro cuándo vale la pena sufrir y cuándo no.

> **Al final uno se da cuenta de que el amor es sentirnos a gusto y felices al lado de alguien la mayor parte del tiempo, aun a sabiendas de que tendremos días malos. Se trata de sentir que estamos bien, en lo bueno y en lo malo, de forma espontánea, sin tener que esforzarnos ni renunciar a ser nosotros mismos.**

Quizá te estás preguntando: «Si me amo, he sanado todas mis heridas, estoy bien conmigo mismo, ¿mi relación actual o mi próxima relación será la definitiva?». A lo que te respondo: «Pues si ahí tú eres feliz, es una relación saludable y trabajáis en la relación, ojalá que sí». Pero esas condiciones no tienen por qué asegurar que la relación sea para siempre. Lo que sí te aseguran es que estarás con una persona que te haga sentir paz y calma y podrás disfrutar de una relación más saludable. Además de ayudarte a que la puedas dejar en el momento en que ya no encaje contigo.

TOLERANCIA AL RECHAZO

Cuando iniciamos una relación, uno de los mayores temores es el miedo al rechazo. Nos guste o no, existe la posibilidad de que la relación no funcione o no sea lo que esperamos o buscamos. La tolerancia al rechazo es la capacidad de enfrentarlo y dejar ir la relación si es necesario por las razones que sea. Te recomiendo que te preguntes: «¿Estoy preparado para esto? ¿Estoy preparado si, llegado el momento, veo que esto no funciona o no va como yo esperaba? ¿Estoy preparado para frustrarme o decepcionarme? ¿Estoy preparado para dejar ir si no funciona?».

Para aprender y desarrollarnos tenemos que saber decir «adiós» y «no» y aceptar que esas palabras también pueden venir del otro.

**Que una relación no funcione no significa
que pierdas valor como persona.
El rechazo no te define.**

EXPECTATIVAS AJUSTADAS A LA REALIDAD

La etapa del enamoramiento se caracteriza por la idealización de la pareja. Tendemos a idealizar los atributos positivos, imaginando su potencial, y no vemos los defectos de manera clara. Al ser un proceso meramente emocional, nos invade esa sensación de que va a durar para siempre, de que todo es perfecto tal como está. Olvidamos muy rápido que las emociones se habitúan y que llegará un momento en el que ese estado emocional no será suficiente para mantener la relación.

En el inicio es cuando nos impregnamos casi sin esfuerzo (porque las emociones hacen casi todo el trabajo) de lo perfecto y precioso que es todo e imaginamos lo maravilloso que puede llegar a ser.

Uno de los peligros de la idealización es que nos nubla esa parte racional que necesitamos para poner los pies en el suelo y establecer unas expectativas realistas en la relación y en la otra persona. Esto nos hace ignorar las conductas que nos indican que lo que esperamos de la otra persona no es posible o que lo que existe hoy no tiene por qué mantenerse siempre, porque la vida nos trae situaciones complicadas y todos evolucionamos.

Es importante hacer un esfuerzo para que, en esa montaña rusa emocional que es el enamoramiento, podamos tener unas expectativas realistas.

Las siguientes preguntas te ayudarán a ver la relación desde otra perspectiva. «¿Qué pienso realmente del amor? ¿Es esta relación algo que quiero o son mis emociones las que quieren quedarse? ¿Es algo que yo puedo conseguir? ¿Me hace feliz? ¿Me aporta bienestar? ¿Siento que me aporta lo que es importante para mí?».

Y también preguntas referentes a la pareja: «Si volviera a

conocer a mi pareja, ¿empezaría una relación con ella? ¿Mi forma de ver la vida y el mundo es compatible con la suya? ¿Hay algo de lo que me cuesta aceptar que no se puede trabajar? ¿Hay algo en su forma de comportarse que afecta a mi bienestar emocional? ¿Siento que con mi pareja puedo crecer, desarrollarme y ser tal como quiero ser? ¿Me siento seguro cuando estoy a su lado? ¿Recibo de manera equilibrada lo que doy? ¿Estoy intentando justificar algo que no me cuadra? ¿Considero que es una persona que satisface mis necesidades emocionales básicas?».

Lo que sucede en la mayoría de los casos es que se tienen expectativas poco realistas y, como ya sabrás a estas alturas del libro, eso puede perjudicar tus relaciones. Si en el momento en el que conoces a tu pareja estableces unas expectativas demasiado ambiciosas («Esta será la pareja de mi vida», «Envejeceremos juntos», «Esta vez es la definitiva»...) no estás siendo realista, ya que siempre existe la posibilidad de que la relación no vaya bien o que se deba cortar por equis circunstancias, y el hecho de mantener estas expectativas hace que no veas con claridad los hechos.

Si esperas que tu pareja actual sea la persona de tu vida, seguramente ignorarás todo aquello que te indique que no tendría que serlo.

Tener expectativas es normal y todo el mundo debería tenerlas, tanto en el aspecto laboral, personal, familiar... porque nos ayudan a superarnos, a crecer, a establecer objetivos y conseguir metas. Sin embargo, las expectativas deben estar ligadas a factores realistas, sin descuidar lo que de verdad sucede, lo que hay delante de tus ojos.

Qué puedo esperar de mi pareja

Cada persona establece sus expectativas y todas son válidas. Y no, no estás pidiendo demasiado por tener las cosas claras o por esperar un mínimo. A continuación, detallo unas expectativas que considero importantes, pero una vez más, te recomiendo que hagas este ejercicio basándote en tus propias experiencias, valores o criterios.

**Tener unos estándares altos te protege
de experiencias de mala calidad.**

Sinceridad y claridad

Expresar con sinceridad y claridad lo que se quiere y se busca es clave para construir una buena base. Ser honestos y transparentes nos ayuda a evitar malentendidos y a no perder el tiempo si no se quiere lo mismo.

Saber que no puede dármelo todo

Este punto me parece importante, ya que en ocasiones confundimos el interés con la sumisión. Entender esto permite comunicarse de manera abierta y asertiva en lugar de jugar a la adivinación. «Si lo tengo que pedir, ya no lo quiero» es una frase que indica que creemos erróneamente que la otra persona tiene poderes mágicos y puede adivinar lo que queremos. Nuestra pareja no puede saber todo lo que pensamos y sentimos, por tanto, lo mejor es no dar nada por hecho, sobre todo al inicio. De ahí la importancia de la comunicación para expresar dónde están los límites y lo que se espera de cada uno. Si te lo tengo que pedir lo haré porque entiendo que no eres adivino. Cuando no lo hacemos, provocamos problemas, ya que estamos exigiendo a nuestra pareja algo que no puede saber.

Las necesidades no comunicadas y la falta de satisfacción se suelen manifestar en forma de ira y exigencias.

Respeto

Siempre y en cualquier circunstancia, por mucho que te hayas equivocado o hayas dicho algo fuera de lugar, mereces ser respetado. Como he dicho en otros capítulos, el respeto no es algo que tengas que reclamar. Si en una relación no está presente desde el inicio, es mejor dejarlo que pasarte la vida luchando para conseguir un derecho básico del ser humano.

Escucha y comprensión

Lo que tienes por decir es importante y estás en tu derecho de que se te escuche, se te comprenda y se te valide.

Responsabilidad afectiva

Es fundamental responsabilizarse de los propios actos, y tener la capacidad de establecer acuerdos y reconocer que la relación es de DOS. Dar y recibir a partes iguales. Esto es lo que yo misma me recuerdo sobre las relaciones y quizá te ayude: «Lo único que espero es disfrutar y estar bien, sentir que esta relación me aporta y me hace ser mejor persona. Si se acaba, me dolería, pero no voy a resistirme a algo que no está bajo mi control».

Cambio el «quiero que esta relación dure para siempre» por un «me encantaría que durara para siempre, pero si no es así, lo entenderé».

Cambio el «quiero envejecer junto a mi pareja» por un «sería bonito envejecer a su lado. A pesar de que trataré de hacerlo, puede que eso no sea posible y tendré que aceptarlo».

«Yo elijo estar con esta persona porque me hace feliz, me suma, me complementa. Porque soy mejor persona junto a ella, pero no olvido que también puedo ser feliz sin una pareja».

AUTOENGAÑOS Y JUSTIFICACIONES

A menudo usamos autoengaños y justificaciones como mecanismo de defensa ante situaciones de incertidumbre. La mente siempre busca control y coherencia por lo que, para validar nuestras acciones y no romper la relación, nos envía mensajes en forma de autoengaños y justificaciones. Es una técnica de autonegación que nos permite no aceptar que esa persona no nos ama como deseamos y evitar sentir dolor. Además, este mecanismo de negación alimenta la necesidad de controlar, y cada intento de control alimenta la negación. Identificar estos patrones nos ayudará a tomar una decisión, ya que el problema principal de normalizar estas frases es que nos alejamos de la realidad. Vamos a describir brevemente cuáles pueden ser las más comunes:

«Me quiere, pero no se da cuenta». En lugar de aceptar que, tras haberlo intentado, el amor que recibimos de nuestra pareja no es suficiente o como nos gustaría, lo justificamos pensando que sí nos ama, pero le cuesta expresarlo. Si no se da cuenta de que te quiere, probablemente es que no te quiere. El amor no es algo que pasa desapercibido, no es un sentimiento que se deba buscar. El amor se demuestra a diario con pequeños gestos de respeto, comunicación, atención, entendimiento, apoyo. Si nada de esto está presente, lo mejor es aceptar que cuando dice que no sabe si nos ama, tendremos que creerle.

«Me quiere, pero a su manera». Cada persona tiene una manera de amar diferente. Sin embargo, el problema aparece cuando la forma de amar de nuestra pareja es inconsistente, no se entiende o no nos hace sentirnos amados. No se trata de que te quiera a su manera, se trata de que tú te sientas querido sin tener que justificar nada. ¿A ti te gusta su modo de amar? No tienes por qué conformarte con menos solo por mantener la relación.

«Me quiere, pero tiene impedimentos externos». ¿Son esos «impedimentos externos» una excusa para evitar decir: «En verdad no te quiero»? Es cierto que en muchas ocasiones no es el momento, no estamos preparados y podemos amar a alguien y aun así elegir alejarnos. El problema aparece cuando se utiliza como excusa, pero a la vez se quiere continuar con la relación. De nuevo, no tenemos por qué conformarnos con migajas o con un amor inconsistente. Si de verdad no se puede, no se puede, aunque duela. Pero ofrecer «algo» porque es mejor que nada solo nos deja más rotos.

«Hay parejas peores». Caer en la comparación para convencernos de que «no estamos tan mal» es uno de los autoengaños más dañinos. No solo porque se busca quién está peor para sentir que todo está más o menos bien, sino porque puede llevarnos a minimizar la gravedad de lo que está sucediendo en la relación. No se trata de comparar, se trata de que tú sientas que tu pareja te corresponde y la relación es lo que quieres. Lo que nos lleva al siguiente punto.

«No es tan grave». El deterioro es progresivo y la tolerancia al dolor es cada vez mayor, por lo que puedes creer que una situación «nunca es demasiado grave» aunque realmente lo sea.

«Todavía hacemos el amor». Es común aferrarse a las relaciones sexuales como un acto de amor. Cuando todo va mal en la relación, se ve el sexo como lo único que funciona, y lo confundimos con amor. La intimidad y la pasión son dos pilares más de la relación y, al igual que cualquier otro pilar, puede afectar positiva o negativamente. Sin embargo, cuando todo lo demás (o la gran mayoría) no funciona o existe maltrato y violencia, el sexo se reduce a lo que es, una relación sexual entre dos personas. Practicar sexo no es sinónimo de amor en relaciones en las que ya no hay amor.

«Al menos no se ha acostado con nadie». Cuando la relación ya no se sostiene por ningún lado, utilizamos esta justificación para evitar la ruptura. Este autoengaño es muy peligroso, porque poner la infidelidad como lo peor en una relación puede hacer que pasemos por alto otros detalles injustificables, dañinos e intolerables. Si creemos que la infidelidad es lo único que no podemos perdonar, ¿qué pasa si nuestra pareja abusa de nosotros? En el peor de los casos, esto puede llevarnos a ignorar actos que son mucho más destructivos que una infidelidad.

¿Te has identificado con algún autoengaño o justificación?

Te propongo analizarlo en profundidad y pensar por qué está presente. No es sostenible mantener una relación por medio de la negación. Y, por último, te dejo una frase que me parece muy sabia:

**No empieces una relación
si no sabes cómo terminarla.**

Cuando carecemos de recursos para gestionar la ruptura de una relación, corremos el riesgo de iniciar algo y no ser capaces de terminarlo si las circunstancias así lo requieren. Está bien tener claro lo que se quiere y no se quiere en una relación y en una pareja, pero también lo es saber qué haremos si no es lo que buscamos. Tener la capacidad de dar esos pasos, ya sea poner límites, tener una conversación incómoda o poner fin a la relación, es tan esencial como trabajar las expectativas. Sabemos cómo iniciar la relación, bien, pero si no sabemos cómo ponerle fin nos veremos atrapados en una trampa de la que no podremos salir. Y tú, ¿te ves preparado para terminar una relación si te hace daño o no encaja contigo?

11

¿Cómo son las relaciones sanas?

Amar no es insistir, forzar, estar en constante sufrimiento, controlar, engañar, manipular o ignorar. Normalizar estas conductas no es un acto de amor, son actos de desamor. Cuando alguien nos ama, no nos hace sufrir, no nos miente, no nos ignora, no nos controla y no nos fuerza.

Una relación no está bien si por mucho que nos esforcemos nunca valemos suficiente, si hay reproches por cada movimiento que hacemos sin nuestra pareja. No podemos normalizar que nuestra pareja nos pida que cambiemos nuestro aspecto físico o nuestra personalidad, rechazando parte de lo que somos. Tampoco que se avergüence de nuestra conducta o nos aleje de nuestro círculo íntimo «para protegernos». Menos aún si nunca somos una prioridad y nos encontramos siempre dando explicaciones y justificándonos para tener su aprobación. No es amor tener que estar adivinando qué hace y por qué debido a que no se comunica con nosotros.

Amar es entender cómo nuestros actos afectan a la pareja, respetar los límites, sentir paz, tranquilidad y calma, fomentar la independencia, la libertad y la individualidad, comunicarse con honestidad, transparencia y sinceridad, aceptar sin tratar de cambiar, escuchar sin juicios, manipulaciones o reacciones negativas. Normalizar estas conductas sí es un acto de amor. Lo contrario son actos de desamor. Estamos llegando al final del libro. Con todo lo leído hasta ahora, hemos podido ver todo lo que no queremos en una relación y todo el trabajo personal necesario para vivir las relaciones desde la independencia afectiva.

VÍNCULOS SANOS Y SEGUROS

Cuando nos adentramos en una relación con traumas y heridas sin sanar, con estilos de apego inseguros, baja autoestima, experiencias negativas en relaciones pasadas..., se hace muy difícil establecer vínculos sanos y seguros. Eso nos lleva a un círculo vicioso en el que las dificultades o los problemas se intensifican y afectan negativamente al vínculo.

Pero también puede pasar que iniciemos una relación estando bien psicológicamente y que creemos un vínculo inseguro o dañino que termine creándonos problemas.

**El objetivo principal de una relación saludable
es conseguir un vínculo sano y seguro.**

A veces no es que tengamos un estilo de apego ansioso, es que la relación en cuestión hace que nos sintamos inseguros.

No es que seamos personas celosas, es que la persona con la que estamos no es de fiar.

Nuestras inseguridades no son algo intrínseco, sino que la relación no es sana.

Por mucho que nos esforcemos en trabajar en nosotros, en ser independientes afectivamente y construir una buena autoestima, de nada servirá si tenemos un vínculo inseguro o malsano con la persona con la que estamos. Recuerda, la clave es sentir que las necesidades emocionales están cubiertas.

Cuando sentimos que la persona con la que estamos no satisface nuestras necesidades emocionales (a pesar de expresarlo), lo mejor es aceptar que tal vez no sea lo mejor para nosotros.

Un vínculo de este tipo puede hacer que nuestra autoestima se vaya al garete, y no necesariamente porque sea abusivo o destructivo o porque la otra persona sea mala. Puede ser que, por temas de personalidad, experiencias o heridas sin sanar, no os estéis entendiendo.

No olvides que los vínculos que estableces tienen un impacto enorme en tu salud mental.

A continuación te dejo unas preguntas para que valores si tienes que trabajar por tu cuenta los problemas en tu relación o es que el tipo de vínculo que tienes no te ayuda.

- ¿Te gusta quién eres cuando estás con tu pareja?
- ¿Pides mucho o es que no te dan lo suficiente?
- ¿Necesitas demasiado o es que no satisfacen tus necesidades?
- ¿Es tu apego inseguro o es el vínculo lo que te hace sentir inseguro?
- ¿Cada cosa que ocurre en la relación abre tus heridas o bien es una oportunidad para sanarlas?

En lugar de quedarte con una persona que agrava tus inseguridades, quédate con alguien que vea tus inseguridades y, aun así, haga que te sientas seguro.

SENTIR CELOS NO SIEMPRE ES ALGO NEGATIVO

Primero de todo, ¿qué son los celos? Son una emoción social aprendida o secundaria y forma parte natural de nuestras emociones y respuestas automáticas. Aparecen cuando creemos que nuestra relación con alguien puede cambiar por la llegada de una tercera persona. O sea, no son ni buenos ni malos, son un aviso de que algo puede cambiar.

Cuando hablamos de celos, solemos pensar automáticamente en los celos patológicos; olvidamos que son una emoción con una función clave y básica que, además, nos permite adaptarnos. Recuerda, ninguna emoción es positiva o negativa en sí misma.

Cuando no gestionamos bien los celos, o bien los rechazamos porque creemos que no es bueno sentirlos, o nos identificamos demasiado y creemos que si están ahí es porque algo está pasando de verdad. Ambas estrategias desembocarán en unos celos desadaptativos o incluso patológicos.

¿Te ha pasado que en una relación sufrías muchos celos y en cambio, en otra, te sentías muy seguro? Pues bien, el vínculo que estableces es un factor clave.

Los celos son normales en muchas ocasiones, ya que cumplen su función. Pero solo hasta cierto punto. Es decir, son adaptativos cuando tu pareja manifiesta una conducta sospechosa con otra persona y son desadaptativos o patológicos cuando se experimentan de forma frecuente sin ningún motivo. Son intensos, irracionales y se consideran incontrolables cuando aparecen ante escenarios que no han ocurrido o se sacan de contexto. Este tipo de celos nos lleva a enfocarnos en la relación añadiendo más ansiedad, miedo y desconfianza. Genera conflictos en la persona que lo padece, la pareja y la relación en sí.

Sentir celos de manera esporádica no es un problema, claro que no. Cuando amamos a alguien, hay situaciones que favorecen la aparición de los celos como indicador de que algo puede ir mal o de que es posible que perdamos a esa persona.

En muchas ocasiones, no se trata de que seamos personas celosas, sino que la relación en la que estamos no nos brinda la seguridad que buscamos o necesitamos.

Responsabilizarnos del todo de los celos patológicos no siempre es justo. Hay relaciones y personas que no nos hacen sentir bien, ni seguros, ni tranquilos, y son el desencadenante de unos celos desadaptativos. Si no se establecen vínculos sanos y seguros, aumentan la desconfianza y la inseguridad y aparecen los celos. Lo único que podemos hacer es responsabilizarnos de lo que está bajo nuestro control y decidir si queremos continuar con una relación en la que se nos presentan a menudo este tipo de sentimientos.

Estas preguntas te ayudarán si no sabes qué tipo de celos estás experimentando.

- «¿En qué situaciones experimento celos? ¿Con qué frecuencia e intensidad?».
- «¿Puede mi pareja ayudarme a sentirme mejor o es algo que tengo que solucionar por mi cuenta?».
- «¿Tengo un vínculo sano?».
- «¿Mi pareja tiene conductas que no me ayudan a confiar?».
- «¿Hay algo que mi pareja pueda hacer para que yo confíe?».
- «¿Es un trabajo en equipo o solo me pide que cambie?».

Lo mejor que podemos hacer ante unos celos adaptativos es tener confianza para hablarlo con la pareja. Si son desadaptativos o patológicos es esencial trabajar en nosotros mismos, reconociendo el posible problema y el efecto en la relación. El apoyo y la responsabilidad de la pareja también son pilares fundamentales, siempre y cuando sea un vínculo seguro. Entiendo que hay casos en los que los celos patológicos de una persona impiden que la relación salga adelante, por mucho trabajo que ponga la pareja.

Sentir celos no nos convierte en personas celosas o indica que tengamos que cambiar algo. En cambio, si son patológicos y tenemos un vínculo sano, toca trabajar en uno mismo.

No hay nada malo en sentir celos, pero sentir celos desadaptativos cuando no hay ningún indicio y te encuentras en una relación sana y segura sí es un problema.

PILARES FUNDAMENTALES

No podía finalizar este capítulo sin hablar de los pilares fundamentales de una relación sana, aunque los hemos ido viendo a lo largo del libro.

Confianza

Para fomentar este pilar, primero toca trabajar la autoconfianza. Si podemos confiar en nosotros mismos, será mucho más fácil estar seguros de nuestras decisiones y del camino que queremos tomar, lo cual repercute en la seguridad de la relación y la pareja. Pero también es imprescindible confiar en nuestra pareja, por supuesto.

Comunicación

La capacidad de dialogar y expresar afecto, discrepancias, cosas que nos incomodan, deseos, necesidades, objetivos... Comunicar y entender las propias intenciones y las de la pareja y crear un camino común gracias al diálogo.

Nos guste o no, hay un mínimo de conversaciones incómodas que son necesarias para construir una relación.

Sinceridad

En una relación, la sinceridad es, quizá, el pilar más importante. Conlleva establecer una comunicación abierta y espontánea sobre cualquier tema sin necesidad de esconder ni ocultar elementos de ningún tipo. Solo así se fomenta el respeto, la proximidad y la buena disposición en la relación.

Dicho esto, tampoco es necesario convertirnos en libros abiertos. Hay partes íntimas que deben guardarse bajo llave, siempre y cuando no interfieran en la relación.

Empatía

Se trabaja desde la habilidad de ponernos en el lugar de la pareja y comprender sus sentimientos. Se trata de «ver» a través de los ojos del otro. Sin imponer creencias ni opiniones, ya que esto supone una barrera importante en la comunicación. Significa comprender y respetar el punto de vista, las necesidades e inquietudes de la pareja, y percibir correctamente lo que experimenta, gracias a la asertividad y la paciencia.

Dedicación

Conlleva demostrar interés por el bienestar de la otra persona, cuidar su salud, interesarse por su día a día, prestar atención a sus necesidades... En definitiva, querer a la otra persona en la vida de uno mismo para relacionarse con ella y establecer un vínculo afectivo duradero y estable en el tiempo.

Afecto y cariño

Expresar el afecto que sentimos hacia la pareja permite que esta se sienta querida, protegida y segura en la relación. La expresión de estos afectos conlleva el aumento de la satisfacción en la relación y una mejora en la comunicación no verbal.

Autonomía

La independencia o autonomía resulta beneficiosa para crear un espacio íntimo y personal en el que establecer las propias reglas. Se establece como un «espacio personal» donde cada uno realiza todas las actividades que desee y que no pueda/ quiera efectuar con su pareja. Promover la autonomía permite establecer un vínculo afectivo sano en la relación, además de proporcionarnos libertad e independencia.

Compromiso, intimidad y pasión

Según el psicólogo estadounidense Robert Sternberg en su *Teoría triangular del amor*, son los tres componentes más importantes de una relación. Se trata de tomar la decisión de querer amar y seguir amando. De promover el acercamiento, los sentimientos de cariño y aprecio, el deseo de dar lo mejor, recibir y compartir, entre otros. Ir un paso más allá y forjar un amor maduro basado en la responsabilidad de elegir que queremos seguir al lado de esa persona y esforzarnos por hacer cada día una relación mejor.

Aceptación y respeto

Ver la relación desde una perspectiva de tolerancia, apoyo y entendimiento. No hay nada mejor que saber que podemos contar con la pareja. Respetar creencias, valores, objetivos, opiniones, gustos, preferencias... Aceptar a la persona tal como es.

Diversión

Ser capaces de reírse juntos, el uno del otro, y mejor, saber reírse de uno mismo. Hacer de la relación un espacio de diversión y juego. Normalizar los momentos de aburrimiento.

Proactividad

Identificar los problemas y buscarles una solución en la que ambos sean partícipes.

Disponibilidad

Saber priorizar el tiempo de calidad en pareja y estar ahí cuando sea necesario. No confundir con estar todo el día juntos. ¿De qué serviría estar las veinticuatro horas del día junto al otro pero no estar ahí en situaciones difíciles? Es cuestión de calidad más que de cantidad.

Una relación se trabaja. Hay altibajos.
No se idealiza, se vive. Transmite paz y
confianza. Se hace con amor, con admiración.
Construye, no destruye.

El amor puede ser cosas diferentes para cada persona. Sin embargo, muchos actos denotan falta de amor, y no verlos a tiempo afectará a la relación, a ti y tu salud mental. Una relación está para vivirla bien, para disfrutarla y sentirla plenamente. No hay más secretos. Cuando estás en una relación sana, lo sabes.

¿Hay algunos pilares débiles o ausentes en tu relación? Si es así, ¿has o habéis tratado de mejorarlos o trabajarlos?

La felicidad en una relación no llega cuando estamos en constante búsqueda de placer, sino cuando nos encontramos en paz y en calma. La búsqueda de placer es peligrosa porque puede llevarnos a un estado de adicción, y la dopamina es la responsable. Lo que ocurre cuando nos volvemos dependientes emocionalmente es que buscamos en la fuente de apego el placer para aliviar el sufrimiento cuando el placer no está presente. Y ya sabemos que este tipo de apego es una fuente de sufrimiento y nos quita independencia. La relación tiene que verse como una onda estable, no como una montaña rusa.

La meta es la paz, no el placer.

MI PAREJA ME QUIERE, PERO...

No hay «peros» que valgan... El amor no debe confundirse con las palabras «te quiero». El amor se demuestra, no se dice. De nada vale decir lo mucho que quieres a alguien, PERO quitarle su libertad, cuestionar quién es, juzgar su comportamiento, mentir, manipular... Los actos son los que crean el amor. Las palabras sin actos se quedan vacías. Promesas sin cumplir que intentamos justificar por medio de actos que no han ocurrido.

FLUIR O SUFRIR EN EL AMOR

Forzamos para no admitir que algo no va como esperábamos. Esconder esa verdad nos hace sufrir, pero queremos creer que todo cambiará porque eso es mejor que afrontar la realidad. La realidad es que nos ha decepcionado y que no era lo que esperábamos. Y una vez más, las expectativas nos la han jugado. Esto pasa en muchas relaciones. Nos empeñamos en que funcione sin siquiera plantearnos si nos hace bien o si es lo que realmente queremos.

Fluir significa disfrutar, y disfrutar no va de la mano con sufrir.

Si entramos en el juego del amor, debemos basarnos en hechos, en la realidad, no en cómo nos gustaría que fuera esa persona.

Y tú, ¿sientes que sufres o fluyes?

Amar es una elección en la que la madurez y la experiencia nos dicen que es algo más que un sentimiento eufórico. Iniciar una relación no significa que nos centramos solo en esa relación, olvidando todo lo que somos. Amar desde la madurez requiere esfuerzo, es un trabajo cotidiano que se elige libremente. Cuando no se cuida, deja de florecer y se marchita.

AMAR NO LO ES TODO

Se puede amar y sufrir abusos.

Se puede amar y ser infeliz.

Se puede amar y no tener los mismos objetivos.

Se puede amar y no hacerlo todo por la otra persona.

Se puede amar y elegir que se acabó.

Lo más bonito de ser independiente afectivamente es que si te aman, va a ser por quien tú eres, no por quien finges ser.

Quédate con aquella relación porque te suma, no porque te llena vacíos.

Quédate con aquella relación que te hace sentir seguro y con quien tus heridas se pueden curar.

Quédate con aquella persona con la que no tengas que justificar las banderas rojas.

Quédate con aquella que se esfuerce por hacerte sentir bien.

Quédate con aquella relación que sea un espacio neutro en lugar de un campo de batalla.

Quédate con aquella persona que te haga fácil lo difícil.

Quédate con aquella relación que te ayude a ordenar la habitación en lugar de aportar más caos.

Quédate con aquella relación donde los altibajos se conviertan en refugios seguros.

Quédate con aquella persona que no te quiera mucho, sino que te quiera bien.

¿Con qué relación te estás quedando?

12

Reflexión final

Hemos hablado de muchísimas cosas a lo largo de este libro, espero no haberte confundido con tantos temas, pero considero que todo se complementa y es necesario para tener una visión global. No hay relación afectiva sin una buena relación con uno mismo, por eso es clave abordar los dos mundos. Tal vez mi manera de expresarme te parezca muy directa o exigente. Aunque en alguna ocasión haya utilizado «tienes que» o «debes», para nada significa que sea algo literal.

Quiero ponerte el último ejemplo para que a partir de aquí saques tus propias conclusiones sobre lo que te ha ayudado y lo que no de este libro; en lo que estás de acuerdo y en lo que no; lo que quieres empezar a trabajar y lo que no. Me gustaría que lo utilizaras como un espacio al que acudir cuando lo necesites; no como una verdad absoluta, sino como una guía.

Estas páginas recogen todo lo que he ido aprendiendo en estos años que llevo dedicándome a la psicología, y compartirlo contigo ha sido un viaje extraordinario. Todos debemos escribir nuestra propia historia y espero haberte ayudado a escribir la tuya.

Ojalá que haya conseguido transmitirte mi manera de ver las relaciones desde una perspectiva más libre, independiente y sana. Y, sobre todo, la necesidad de quererte y estar en paz contigo mismo.

HABITACIÓN DESORDENADA

Imaginemos una habitación desordenada y sucia en la que se ha acumulado polvo, ropa, papeles, la cama está sin hacer, en las estanterías no cabe ni un alfiler, los armarios más vale no abrirlos... Lo más seguro es que tengamos pocas ganas de entrar, el mero hecho de pensar en ello nos lleva a actuar de manera evitativa y nos genera un malestar enorme. No nos incita a quedarnos ahí ni a pasar el rato leyendo tumbados en la cama. Tenemos claro que ordenarla y limpiarla será un trabajo duro, y hay tantas cosas que no sabemos ni por dónde empezar... Postergamos ese comienzo por todo lo que conlleva, a pesar de que en el fondo es lo que necesitamos y lo mejor que podemos hacer a la larga.

Pues eso es lo que se siente al iniciar un proceso interno de introspección y cambio. Mirar hacia dentro y ver todo lo que tenemos por mejorar: baja autoestima, relaciones pasadas que salieron mal, patrones de comportamientos inestables, temores, heridas sin curar, apegos inseguros... Toca ir paso por paso, problema por problema. Atender una cosa, limpiarla y elegir si la dejamos en la habitación o la echamos fuera. Sé que puede resultar abrumador, pero es la única manera. Una vez la habitación esté ordenada, habrá que mantenerla así. Los viejos patrones intentarán volver. Algunas heridas volverán a abrirse y estarán de nuevo en la habitación esperándonos, como el polvo cuando llevamos tiempo sin pasar el trapo. No es un trabajo de una vez, tendremos que repetirlo a menudo. Y en ocasiones tocará hacer una limpieza profunda para asegurarnos de que todo sigue como debe estar.

Recuerda que no buscamos un cambio total: hay partes de la personalidad que son invariables y no queremos luchar contra ellas, heridas que han dejado cicatriz y no podemos borrar, temores que nos van a recordar el dolor del pasado. Y eso está bien.

No será un proceso fácil; habrá momentos de derrumbe, ganas de tirar la toalla, incertidumbre y personas a las que vas a decepcionar y perder. La terapia no es siempre un proceso de color rosa. No. Va a haber resistencia por tener que admitir y aceptar cosas dolorosas y luchar contra quien hemos sido. ¿Estás preparado para iniciarlo?

NO ES UN CUENTO DE HADAS

Las relaciones deberían valorarse por todo lo bueno que nos aportan, porque nos suman, porque realmente podemos ser nosotros mismos sin temor a que nos rechacen o nos abandonen. No somos sirvientes esperando las órdenes de los demás para actuar...

Una baja autoestima obstaculiza la ansiada independencia. Se trata de no resignarnos ante la situación pensando que no hay nada que podamos hacer al respecto, como si fuéramos una marioneta sin voz ni voto.

Una verdad que me parece importante compartir con las palabras de Walter Riso es que:

> De todas las relaciones que mantenemos, la relación de pareja es de las únicas que podemos señalar como la más libre, la tenemos, si la tenemos, porque queremos, nada nos obliga a tener esta relación, no es necesaria para nuestra supervivencia como sujetos, no es necesaria en nuestra naturaleza gregaria.

A estas alturas ya sabes que una relación de pareja no es necesaria para nuestro desarrollo y crecimiento, aunque nos hayan hecho creer lo contrario. Estamos en una relación porque queremos, porque la elegimos desde la libertad y desde la capacidad de decisión. Porque nace de nosotros establecer un vínculo sentimental con una persona y no porque necesitemos sentirnos amados por alguien. Nuestra vida no está en peligro por no tener pareja. Deja de perseguir sueños románticos. Tu historia la escribes tú.

Una relación vale la pena vivirla si de verdad te sientes una persona libre. No siempre se trata de actitud, y no todo es un cuento de hadas. Se trata de tener herramientas que te faciliten la vida, liberarte de apegos innecesarios y vivir desde la independencia, desde la libertad.

Las relaciones vienen y van, y la independencia afectiva nos ayuda a vivir sin apegos que nos corrompen, a tomar decisiones basadas en razones y no por necesidad, a movernos por nuestro bien y no por el bien de los demás. Eso no significa que no necesitemos a nadie y que depender sea algo negativo, sino que apegarse con urgencia y con necesidad a otra persona solo nos traerá dificultades en nuestro día a día. Podemos necesitar el calor de nuestra pareja un domingo de invierno y a la vez entender que un fin de semana se vaya con sus amigos sin que esta situación signifique una amenaza para nuestra vida. Y, de nuevo, no quererte no significa ni que no tengas capacidad de amar a otras personas ni que nadie te pueda amar.

Si este proceso te cuesta mucho y ves que no avanzas, te recomiendo que busques ayuda profesional. No tienes por qué hacerlo tú solo, los profesionales de la salud mental estamos para darte todas las técnicas y herramientas que necesitas para acelerar el proceso. El primer paso es reconocer que solos no podemos, que requerimos de asistencia porque no somos capaces de resolver el problema por nosotros mismos. La terapia existe para facilitarte el camino y ver las opciones que más te van a ayudar.

Ama sin dejar de quererte.
Y quiérete con la misma intensidad que amas.

Bibliografía

Bourbeau, Lise, *La sanación de las cinco heridas*, Sirio, 2017.

Branden, Nathaniel, *Los seis pilares de la autoestima: el libro definitivo sobre la autoestima por el más importante especialista en la materia*, Paidós, 1994.

Castelló Blasco, Jorge, *La superación de la dependencia emocional: Cómo impedir que el amor se convierta en un suplicio*, Corona Borealis, 2014.

Congost, Silvia, *Autoestima automática*, Zenith, 2015.

—, *Cuando amar demasiado es depender*, Zenith, 2015.

—, *Si duele, no es amor*, Zenith, 2017.

Fromm, Erich, *El arte de amar*, Paidós Ibérica, 2016.

Nhat Hanh, Thich, *Miedo*, Kairós, 2013.

Norwood, Robin, *Las mujeres que aman demasiado*, B de bolsillo, 2012.

Pérez-Pimienta, Diana & Luis Felipe García y Barragán, *Concepciones sobre la dependencia emocional hacia la pareja en jóvenes. Dilemas contemporáneos: educación, política y valores*, 8(spe5), 00026, 2020. Epub 28 de enero de 2021. <https://doi.org/10.46377/dilemas.v8i.2505>

Ponce-Díaz, C., J. Aiquipa & M. Arboccó, *Dependencia emocional, satisfacción con la vida y violencia de pareja en estudiantes uni-*

versitarias. Propósitos y Representaciones, 7(SPE), e351,2019, DOI: <http://dx.doi.org/10.20511/pyr2019.v7nSPE.351>

Riso, Walter, *Desapegarse sin anestesia: Cómo fortalecer la independencia emocional*, Planeta, 2015.

—, *Amar o depender: Cómo superar el apego afectivo y hacer del amor una experiencia plena y saludable*, Planeta, 2014.

—, *Enamórate de ti: El valor imprescindible de la autoestima*, Planeta, 2014.

Rodríguez de Medina Quevedo, Isabel, «La dependencia emocional en las relaciones interpersonales», *ReiDoCrea*, n.° 2, 2013, pp. 143-148.

«Para viajar lejos no hay mejor nave que un libro».

Emily Dickinson

Gracias por tu lectura de este libro.

En **penguinlibros.club** encontrarás las mejores
recomendaciones de lectura.

Únete a nuestra comunidad y viaja con nosotros.

penguinlibros.club

Penguin
Random House
Grupo Editorial

penguinlibros